길용택의
참교육 이야기

김용택의
교육
이야기

교육의
정상화를
꿈꾸다

김용택 지음

생각비행

교육계의 작은 거인,
김용택 선생님의 신간을 반기며

김용택 선생님께 추천사를 의뢰받고 몹시 망설였다. 선생님이 어떤 분이신가. 이미 '김용택의 참교육이야기'로 교육계 최고의 파워 블로거이자 참교육의 원로시다. 그런 선생님께서 펴내시는 새 책에 추천사라니 내가 대체 무슨 자격으로 어떤 췌사를 붙일 수 있단 말인가. 천부당만부당이란 말이 이럴 때 해당하는 표현이라고 생각했다. 그럼에도 선생님께서 강권하신 까닭은 내게 당신의 독자들에게 인사할 기회를 주시기 위함임을 깨닫고 더 물리치지 못했다.

선생님께서는 작년에 내 강연을 한번 들으시고 《징검다리 교육감》이라는 내 책을 읽어보신 후 각별한 사랑을 주기 시작하셨다. 강연후기와 서평을 통해 분에 넘치는 과찬을 하신 것으로도 모자라 이런저런 기회에 연락이 닿을 때마다 내 처지를 안쓰럽게 여기며 격려를 아끼지 않으셨다. 이미 선생님의 참교육이야기 블로그에서 수십 편의 글을 읽어보며 존경과 감탄의 마음을 갖고 있던 나로서는 선생님께서 최소한 엉터리가 아니라고 인정해주시는 것만으로도 그렇게 든든하고 마음 놓일 수가 없었다. 큰형님을 얻은 기분이었다.

김용택 선생님은 초등학교, 중학교, 고등학교에서 두루 교사생활을 하신 독특한 경력을 갖고 계시다. 고등학교도 일반고와 실업계를 다 경험하셨다. 그뿐 아니다. 교사생활 막바지에는 공립 대안학교의 개교를 책임지고 직접 그곳에서 이른바 문제아들을 가르치셨다. 그것으로도 성에 안 차는지 은퇴 후에는 아예 학교 밖 청소년을 위한 지역사회학교를 만들어서 교장으로 봉사하셨다. 선생님의 교육경력은 앞으로 누구도 깨기 어려운 대기록일 것이다.

선생님께서 초·중등교육계의 현실과 과제, 전망을 그토록 거침없이 그려내실 수 있는 경험적 토대는 이렇듯 다양한 교육경력을 통해 마련된 것이 아닐까 싶다. 물론 선생님만의 날카로운 안목과 다방면의 식견은 오랜 경험만으로는 설명할 수 없다. 그것은 엄청난 독서와 엄격한 성찰, 그리고 지사적 실천과 꼿꼿한 삶의 자세를 통해서만 구축될 수 있는 어떤 것이다. 전형적인 외유내강형인 선생님께는 복잡다기한 사물의 이치를 본질적으로 꿰뚫어보는 단단한 정신의 힘이 느껴진다.

이번 신간을 읽으면서 선생님의 전방위적인 관심사와 박학다식에 새삼 감탄했다. 또한 군더더기 없는 문체에 매료됐다. 선생님의 글에는 조금도 답답하거나 지루한 구석이 없다. 논리 전개는 속도감과 박력을 자랑하고 표현은 쉽고 명료하며 탄탄한 자료와 적절한 인용이 감칠맛을 더한다. 어떤 복잡한 주제라도 일단 선생님의 머리와 가슴속을 거치게 되면 눈으로 보듯 생생하고 손에 잡히듯 구체적이다. 교육개혁의 비전과 주장은 거침없고 시원스럽다.

　무엇보다도 이 책은 한국 교육의 문제점을 속속들이 이해하고 나아갈 방향을 알고 싶은 일반시민과 학부모들이 꼭 보셨으면 한다. 진보교육감과 혁신학교 시대를 맞이해서 워낙 좋은 교육서적들이 쏟아져나오고 있지만 공교육의 현상과 구조를 전반적으로 이해하는 데 최고로 적합한 단 하나의 책을 고르라고 하면 서슴지 않고 이 책을 추천하고 싶다. 이 책을 집어든 독자들은 평생토록 민주주의를 위한 공교육의 가능성을 모색하며 사랑의 교육을 실천해오신 작은 거인, 김용택 선생님의 통섭적 지성과 온화한 인격을 만나게 될 것이다. 고대하던 신간의 출간을 첫 독자로서 기뻐하며 축하드린다.

곽노현(전 서울시교육감)

'흰머리 소년'의
교육 투쟁기

김용택 선생의 별명은 '흰머리 소년'이다. 머리카락이 일찍 세기도 했지만, 때 묻지 않은 소년의 감성을 나이 들어서도 그대로 갖고 있다는 데 방점이 찍힌 별명이다. 워낙 오래되어 남들은 이미 포기했거나 당연시해버린 관행도 흰머리 소년에겐 여전히 그냥 놔둘 수 없는 문제다. 그럴 땐 '누가 흰머리 소년 아니랄까봐' 하는 핀잔을 받기도 하지만 전혀 굴하지 않고 문제를 제기한다.

한번은 이런 일이 있었다. 10년 전 마산의 한 고등학교에 발령받았는데, 학생과 교사의 급식이 다르더라는 것이다. 같은 급식비를 내면서도 학생이 먹는 반찬은 서너 가지인데, 교사는 예닐곱 가지나 되었다. 게다가 식당에 칸막이를 치고 따로 먹고 있었다. 동료 교사에게 물어보니 '처음부터 그랬다'며 대수롭지 않게 말했단다.

흰머리 소년은 그때부터 보름 동안 혼자서 학생 줄에 서서 밥을 타먹었다. 무언의 1인 시위를 한 셈이다. 그러면 적어도 젊은 교사 몇명쯤은 동참해줄 줄 알았단다. 그런데 단 한 명도 그런 교사가 없더라고 했다.

그는 결국 내가 재직 중인 신문에 기고를 하여 이 문제를 공론화했다. 그 학교는 닷새 뒤 여론의 비난을 견디지 못하고 '차별급식을 폐지하겠다'고 발표했다. 그렇게 문제는 바로잡혔지만, 김용택 선생은 동료교사들에게 미운털이 박혔다. 그는 이런 사람이다. 미운털을 마다하지 않고 불합리에 대항하는 사람. 바뀌지 않는 교육 현실이 답답하더라도 이렇게 조금씩이라도 바꾸고 싶다면 꼭 읽어야 할 책이다.

김주완(《경남도민일보》이사·전 편집국장)

교육이 정상화되는
그날을 기다리며

학교를 떠난 지 10년이 가까워오고 있다. 평생을 교육계에 몸담은 미련 때문일까? 나는 지금도 교육을 생각하지 않는 날이 없다. 현장 감각이 떨어지고 정보도 부족하지만 학교 주변을 기웃거리며 뭔가 할 일이 없는지 서성이는 게 요즘 나의 일과다. 비록 아이들과 만나지는 못하지만 학부모의 애환을 들으며 비정상적인 교육의 현실을 이대로 둘 수 없다는 부끄러움과 미안함이 이 책을 낸 주된 동기였다.

우리나라에는 참 많은 인재가 있다. 교육계도 예외는 아니다. 교육학 박사, 행정관료, 교수와 교사들…. 현직에 있거나 또는 교직을 떠나면서 공로상과 훈장을 받은 이가 부지기수다. 그들은 지금 무얼 하고 있을까? 62세가 정년이라면 아직도 팔팔한 나이가 아닌가? 교단을 떠났더라도 사랑하는 제자, 후배들을 위해 평생 갈고닦은 소중한 경험과 지식을 왜 나누지 못할까? 교단을 떠나 살면서 이해할 수 없는 일이었다.

학교는 아직도 시장판이다. 아니, 갈수록 상황이 더 심각해진다. 초등학생들마저 3학년 앞서 공부하면 떨어지고, 4학년 앞선 공부를 해야 원하는 학교에 갈 수 있다는, 이른바 '4당3락'의 선행학습을 당연시하는 현실이다. 고등학생들의 보충수업과 야간자율학습은 지금도 달라진 게 없다. 천정부지로 치솟는 사교육비며 학교폭력과의 전쟁도 그대로요, 점수로 사람의 가치마저 서열화하는 일제고사도 그대로다. 인권의 사각지대인 학교가 학생들의 상급학교 진학을 위한 입시학원으로 전락한 현실 또한 바뀌지 않고 있다.

지난 47년간 무려 38번이나 입시제도를 바꾸고 대입전형 방법을 3298가지나 내놓았지만, 경쟁적인 교육환경은 조금도 달라지지 않았다. '교육으로 가난의 대물림을 끊겠다'던 대통령의 화려한 구호는 '모든 아이가 행복한 학교'라는 현실과 너무나 거리가 먼 얘기다. 우수한 학생을 길러내기 위해 특목고와 자립형 사립고를 만들어 특기와 적성에 맞는 교육을 하겠다던 정책은 입시라는 괴물 앞에 힘을 잃은 지 오래다. 우수한 인재를 뽑아 일류대학(?)에 진학하게 한들 학문탐구는 뒷전이고 취업 준비로 바쁜 학생들의 현실에 대해 왜 어른들은 모르쇠로 일관할까?

교육을 '상품'이 아닌 물과 공기처럼 누구나 골고루 혜택을 받을 수 있는 '공공재'로 보는 유럽 선진국 교육에는 경쟁도 없고 일제고사도 없다. 일등지상주의도 사교육도 없다. 공부하고 싶은 학생은 언제든지 무료로 배울 수 있고, 경쟁이 없으니 학벌도 없으며, 서로 존중하고 배려하는 분위기 가운데 앞으로 살아갈 세상을 자신의 수준에 맞게 준비할 뿐이다. 그런데 왜 우리는 교육을 상품으로 만들어 아이들을 무한경쟁에 내모는 현실을 당연하게 생각하는 것일까? 교육이 상품이 되면 경제력이 있는 가정의 아이가 유리하다는 걸 삼척동자도 다 안다. 그런데 왜 우린 기울어진 운동장에서 시합 전 승부가 난 경기에 임해야 하는 아이들의 기막힌 상황을 내버려두고 있는가?

대한민국에 태어났다는 이유로 청소년기를 반납하고, 살아남기 위해 친구마저 적으로 간주하는 경쟁 속에서 학창시절을 보낸 아이들이 학교를 졸업하면 원하는 세상을 만날 수 있을까? 천만의 말씀이다. 하늘의 별따기 같은 취업시장을 돌파하기 바쁘게 갚아야 할 학자금이 삶을 옥죈다. 태반은 신분이 보장되지 않는 비정규직으로 살며 온갖 불이익을 감수해야 한다. 이런 젊은이들의 현실을 포착하기에는 '7포 세대'라는 말로도 부족한 감이 있다.

'헬조선'을 외치는 청년들에게 무슨 죄가 있을까? 왜 우리는 유럽 교육선진국처럼 미래세대가 자신의 꿈을 스스로 개척하는 세상을 만들 수 없을까?

대한민국에서 교육자로 산다는 건 부끄러운 일이다. 사랑하는 제자들에게, 아들딸들에게 교육다운 교육을 할 수 없으니 미안할 따름이다. 우리는 언제쯤 아이들이 행복한 학교, 청년들이 꿈을 펼치는 세상을 만날 수 있을까? 침묵하는 교육자들에게 묻고 싶다. 왜 우리는 헬조선을 외치는 청년들에게, 눈에 넣어도 아프지 않은 아들딸들에게, 우리의 제자들에게 희망을 줄 수 없는가?

교육 없는 나라에 교육자가 설 곳은 어디인가? 수많은 교육자가 마음만 먹으면 얼마든지 교육을 살릴 수 있지 않나? 우리도 유럽의 교육선진국처럼 아이들이 행복한 학교, 배우는 즐거움이 있는 학교를 만들 수 있지 않나? 교육이 상품이 아닌 공공재라는 인식만 있어도 교육의 정상화는 불가능한 일이 아니다.

40년 가까이 교단을 지켰던 늙은 교사는 지금도 교육의 정상화를 꿈꾼다. 모두가 같은 꿈을 꾸면 그게 현실이 된다고 했던가? 그날을 기다린다.

어려운 여건 중에도 이 책이 나오기까지 애써주신 생각비행 출판사 손성실 대표께 감사의 마음을 전한다.

목차

*1부 '교육 쇼' 하는 학교에서 벗어나기

* 2부 '비정상을 정상화' 하는 교육에서 벗어나기

*3부 '경쟁과 자본에 종속된 교실'에서 벗어나기

4부 '아이의 인생을 망치는 과욕'에서 벗어나기

1부

'교육 쇼' 하는 학교에서
벗어나기

정작 아이들이 살아갈 세상에서 궁금한 문제, 알고 싶은 것은

왜 학교에서는 가르쳐주지 않을까? 노동자로 살아갈 제자들에게

근로기준법 한번 제대로 가르치지 않고, 평생을 세입자로 살아야 할

학생들에게 확정일자 발급받는 방법조차 알려주지 않는다.

정치인, 종교인, 교사, 신문기자 등 다양한 모습으로 살아갈

학생들에게 선택의 여지없이 똑같은 것만 가르치는 교육이

과연 제대로 된 가르침인가?

학생을 가르치지 않는 사람이
존경받는 학교

1급 정교사, 2급 정교사, 교감 자격증, 교장 자격
증…!

참 이상하다. 병원장은 의사라면 누구든지 할 수 있는데, 교장은 왜 자격증이 따로 있어야 할까? 교감이나 교장은 자격증이 있어야 하는데, 장학사나 장학관은 왜 자격증이 없어도 될까?

교육 현장에는 상식적으로 이해 못 할 일이 많이 일어나고 있다. 학생을 가르치겠다고 교사가 된 사람들이 정작 강단에 서기를 기피하고 있다면 믿을 사람이 있을까? 교사라면 마땅히 학생을 가르치는 일에 만족하고 보람과 긍지를 느껴야 하건만, 학교의 현실을 보면 기회만 되면 가르치는 일에서 벗어나 수업을 하지 않는 교감이나 교장 혹은 장학사나 장학관이 되고 싶어 하는 이들이 넘쳐 난다.

가르치는 일보다 행정이나 관리하는 일을 원하는 학교에서 훌륭한 교육자란 과연 누구일까? 일반적으로 교사가 교감이나 교장이 되면 승진했다고 한다. 학교라면 응당 아이들을 돌보고 가르치는 일이 가장 중요한 자리여야 하는데, 아이들을 가르치지 않고 행정 업무를 맡아 하는 사람에게 승진했다고 하는 이유는 무엇일까? 교사들은 사실상 학교에서 천덕꾸러기인가?

사람들은 교사가 수업만 하는 사람인 줄 안다. 과연 그럴까? '하루 평균 80건, 한 달 평균 1600~1700건….' 교사들이 처리해야 하는 공문 얘기다. 학생이 많은 학교라면 그나마 나은 편이다. 학생이 100명이 채 안 되고 교사가 7명밖에 안 된다고 해도 공문은 줄어들지 않는다. 오죽하면 '일하며 틈틈이 가르친다'는 말이 나왔을까? 연간 수업시수가 850시간인데, 그보다 많은 공문을 다루었다니! 하루로 따지면 4시간 수업하고 점심 먹고 나서는 계속 공문처리만 하고 있는 꼴이다.

선생님들이 처리하는 공문의 양은 도대체 어느 정도일까?

'3월, 새학기가 시작되면 학교교육계획이나 교육과정, 각종 특색사업, 학생 수나 다문화가정, 한부모가정 등 기본적인 상황 조사가 시작된다. 4월부터는 컨설팅장학, 정보공시, 각종 연수 안내, 수업시수 보고, 학습부진아 보고, 학습부진아 지도 목적사업비 지출, 진로교육계획, 수업공개계획…'

'2학기가 시작되는 9월이면 학교평가, 시도교육청 평가 관련 공문이 쏟아진다. 학생, 학부모 설문조사도 교육청 행사, 학교평가, 교원평가 세 가지나 진행되고 정보공시도 반복된다. 9월 중순부터 2~3주간은 국정감사관련 예산운영, 교육과정운영, 학교폭력관련 대책…' 등 이 많은 자료 중 어떤 항목은 2~3년 치를 다 조사해 보고하

란다. (신은희, 〈틈틈이 가르친 나, 교사가 아니었네〉, 《노동과세계》 참조)

이렇게 공문에 시달리다 보면 교재 연구나 수업 준비는 뒷전이 될 수밖에 없다. 이뿐인가. 학교 행사, 노인정 방문, 심지어 방과후 학교 강사들의 임금 관리까지 교사들이 담당해야 한다. 초등 일선 학교의 경우 1년 동안 처리해야 할 공문이 무려 2만 3000여 건이나 된다니 교사들의 주 업무가 공문 처리인지 수업인지 구별하기 어렵다.

이런 현실을 보면 왜 선생님들이 학생을 가르치는 일에 열정을 쏟지 않고 승진에 목매는지 조금은 이해할 수 있지 않을까? 학교 분위기상 평교사보다 부장교사나 수석교사, 교감이나 교장이 더 훌륭한 교사요 높은 사람(?)이다. 머리가 허연 선생님이 수업하러 들어가면 학생들로부터 무능한 사람 취급을 당하기 일쑤다. 공문 처리가 늦어, 여러 선생님이 보는 앞에서 젊은 후배 교감선생님으로부터 책임 추궁을 당할 때면 '죽고 싶다'는 사람도 있다.

요즘 수업시간은 선생님들에게는 고통의 시간이다. 가르치는 즐거움을 찾아보기 어렵게 된 지 오래다. 선행학습을 한 학생들은 담당교사가 가르치는 과목이 아닌 다른 공부를 하고 있다. 공부를 포기하고 졸업장이 필요할 뿐인 학생들은 수업을 방해하거나 잠을 자기도 한다. 아들뻘 되는 아이들이 성희롱에 가까운 농담을 이죽거리는 소리를 듣고 있노라면 소름이 끼친다는 선생님도 있다.

이런 수업 현장에서 해방되는 길은 교감이나 교장으로 승진하는 것밖에 없다고 생각하는 선생님이 생기는 것도 그리 이상한 일은 아니다. "교사는 학생들만 없으면 참 좋은 직업이다"라는 말이 왜 나왔을까? 온갖 스트레스로부터 해방되는 방법…. 그것은 수업을 하지 않고 학부모나 교사들로부터 존경받는 교감, 교장이 되는 길뿐이다.

이상하게도 우리 교육 현장에서는 학생을 많이 만나는 교사일수록 서열이 낮다. 시간제 강사들은 임용되기 바쁘게 수업 폭탄이 쏟아진다. 반면 부장교사는 평교사보다 수업을 적게 하고, 교감이나 교장이 되면 아예 수업에서 해방될 수 있다. 학생을 가르치지 않는 사람일수록 높은 사람, 폼 나는 사람으로 존경받는 학교…. 이런 학교에서 평교사는 무능한 사람일 뿐이다.

자질이 아닌 점수가
교장의 자격이 되는 현실

"독일 교장 선생님은 학교에서 가장 바쁜 사람이다. 각 학급 담임교사가 결근을 하게 되면 보강수업을 들어가야 하고, 학교에 행사라도 있게 되면 직접 발로 뛰면서 크고 작은 일을 도맡아 해야 한다. 또 문제 학생을 선도하는 것도 교장 선생님의 몫이다. … 모든 교사들이 골치 아픈 일은 모두 교장에게 떠밀어 버린다. 예를 들어 수업시간에 어떤 아이가 교사에게 대든다든지, 욕을 한다든지, 말썽을 피우면 무조건 교장에게 보낸다. 그러면 교장은 그 학생을 조목조목 심문한 다음 합당한 벌을 주어야 한다. … 거기다가 다른 교사들과 마찬가지로 담당 과목의 정규수업은 물론 보강수업과 학교 행정까지 책임을 져야 하는 입장이다 보니 몸이 열이라도 모자랄 정도로 바쁘다."

언젠가《한겨레》신문에 나온〈독일 교장 선생님〉이란 기사의 내용이다. 우리와 참 다른 모습이다. 우리 교육 현실에서 교장선생님은 하늘 같은 존재다. 학생은 물론 선생님조차 1년간 근무하면서 교장선생님과 면담 한번 하지 않는 사람이 대부분이다.

선생님들은 왜 교장이 되고 싶어 할까?

1. 별로 일 안 하고도 월급 받는다.
2. 누구의 제어도 받지 않는 유일한 행위자로서 권력을 만끽한다.
3. 해 먹는다.

풍성초등학교 권재원 선생님이 쓴 책,《교장제도 혁명》의 〈민주공화국에 대한 냉소를 가르치는 반헌법적 존재〉라는 글에 나오는 내용이다. 이 글을 보면 대한민국의 교사라는 자리가 부끄럽다. 교육을 하지 않을수록, 일하지 않을수록 교장이라는 자리에 가깝다. 가르치는 자리에서 벗어나기 위한 교사들의 경쟁이 만든 결과가 교장이라는 자리다. 이 때문에 권재원 선생님은 현행 대한민국의 교장제도를 '헌법을 부정하는 자리, 헌법을 위협하는 국기문란 사범으로 만들고 있는 자리'라고 질타했다.

물론 예외적인 사례도 있다. 2014년 2월, 임기를 마치고 거제 상주중학교로 떠난 창원 태봉고등학교 여태전 교장선생님 얘기다. 그분 교장실에는 청소당번이 없다. 교장실 청소는 교장이 한다. 교장실은 언제든지 열려 있어 교사나 학생들이 찾아와 차도 마시고 상담도 할 수 있다. 신간 교육도서가 나오면 책을 사서 선생님들께 나눠주기도 하고, 결근하는 선생님 대강도 하고, 일주일에 4시간씩 수업도 한다.

여기서 다시 질문해보자. 교장이란 어떤 자리인가? 우리나라에서 는 아이들을 가르치지 않는 교장이 되는 것을 승진이라고 한다. 대부 분의 교육선진국에서 찾아볼 수 없는 교장 자격증이 있어야 맡을 수 있는 자리. 학교가 어떻게 돌아가는지 어렴풋이 알만 한 30대 초반 선생님 시절부터 무려 20년간 점수 모으기를 해야 오를 수 있는 자리 가 대한민국의 교장이라는 자리다. 교육보다 승진 점수를 쌓고, 가르 치는 일보다 행정을 잘하는 사람이 대접받는 자리가 곧 교장이다.

'자격'이란 '일정한 신분이나 지위를 가지거나 일정한 일을 하는 데 필요한 조건이나 능력'을 일컫는 말이다. 그러므로 교장이라는 자리 를 위해 필요한 자격은 점수가 아니라 사람의 인품과 교육에 적합한 자질로 평가함이 마땅하다. 교장은 최소한 '민주적이고 합리적인 지 도력'을 갖춘 사람이어야 함에도 불구하고 지금 우리 교육 현장에서 는 수단과 방법을 가리지 않고 얻은 점수로 딴 자격증만 있으면 아무 나 할 수 있는 게 현실이다.

학교를 경영할 수 있는 자질을 갖춘 교장은 소정의 기관에서 일정 기간 연수를 받아 자격을 인정받아야 한다. 그러나 우리나라에서 교 장 자격증은 일정한 수를 정해놓고 순위를 매겨 서열대로 발급한다. 결국 교장이 되기 위해서는 아이들 가르치는 일은 뒷전이 되고 교육 대학원에 적을 두고, 현장연구 논문을 써야 하고, 농어촌이나 도서벽 지를 돌아다니며 농어촌 근무점수를 긁어모아야 한다. 부장교사를 몇 년 하고, 학교장의 맘에 들어 근무평가에서 '1수'를 받아야 하는 등 점수 모으기 선수가 되어야만 얻을 수 있는 게 '교장 자격증'이다.

교장은 경력평정, 근무평정, 연구가산점 합계로 산출한 점수에 따라 적격 여부가 판정된다. 민주적이고 합리적인 지도력이나 교사들의 존경을 받는 인품이 아니라 점수로 얻은 '증'만으로 자격 여부를 판정할 수 있을까?

초·중등학교에서는 대학의 총장처럼 보직제로 교장을 선출하면 왜 안 되는가? 선출제로 하면 온갖 연고주의와 비리가 판을 쳐 학교가 혼란에 빠질 것이라고 우려하는 사람이 있다. 하지만 앞서 소개한 〈독일 교장 선생님〉 기사처럼 '교장'이 군림하는 사람이 아닌 봉사하는 사람, 어려운 일을 맡아 하는 봉사직 개념이라면 지금 같은 무한 경쟁을 하겠는가? 근래 혁신학교에서 교장이 군림하는 자리가 아니라 봉사하는 자리로 조금씩 바뀌고 있긴 하지만, 그야말로 일부 학교에 지나지 않는다. 우리는 언제쯤 교장 왕국의 학교가 아니라 학생과 학부모 그리고 교사들의 존경을 받는 교장이 경영하는 학교가 일상화된 사회를 만들 수 있을까?

학교에서 민주주의가 사라진 진짜 이유 아세요?

'민주주의'를 가르치는 학교에 민주주의가 없

다?' 참 아이러니한 말이지만, 이를 반박할 사람은 많지 않을 것이다. 식민지 시대 황국신민화를 위해 필요했던 애국조회가 그대로요, 요주의 인물을 감시하기 위해 만들었던 당번 제도나 군대 위병소를 닮은 교문 지도, 평교사·부장교사·수석교사·교감·교장으로 계급화된 학교의 조직 체계에 이르기까지 학교는 아직도 민주주의의 사각지대라 해도 과언이 아니다.

학교에서 민주주의가 사라진 이유는 고색창연한 제도 탓만이 아니다. 학교에도 민주적 운영을 위한 기구가 있다. 학교운영위원회가 대표적인 법적 기구다. '학교 운영의 자율성을 높이고, 지역의 실정과 특성에 맞는 창의적인 교육'을 위해 설립한 것이 학교운영위원회다. 이런 학교운영위원회가 개방적이고 투명한 학교를 만들지 못하는 이유는 처음 탄생할 때부터 의결기구가 아닌 심의기구(사립은 자문기구)라는 한계를 내포하고 있기 때문이다. 그뿐 아니라 구성원인 교원위원이나 학부모위원, 지역위원 선출 과정에서 친교장 성향의 사람들로 구성되기 때문이다.

학교장의 독선을 견제할 '인사자문위원회'며 '성과급 평가위원회'

와 같은 기구도 있지만, 그런 건 형식에 불과하다. 교사회나 학부모회가 있다 한들 법제화되지 않은 임의기구로 학교장의 독선적 운영을 막을 수 있을 리 만무하다. 오히려 학교장의 들러리 구실을 하고 있는 현실이다. 그래서 학교를 '교장 왕국'이라고 하는 말이 아직도 유효한 것 아니겠는가?

'교장', 그는 누구인가?

초·중등교육법 제20조 1항을 보면 "교장은 교무를 통괄하고, 소속 교직원을 지도·감독하며, 학생을 교육한다"고 명시하고 있다. 이렇게 막중한 역할을 맡은 교장이 학교에서 하는 일이 무엇일까?

교장은 '보직교사 임명권 및 교원의 근무성적 평가, 인사고과 평가, 학생 생활지도를 위한 교칙 개정, 시설 개선 등 예산 집행 및 업체 선정, 기간제 교사 채용 및 면직 등 학교 운영의 전권을 행사'한다. 한마디로 '학교에서 일어나는 모든 업무의 최종 결정'이 모두 교장의 손을 거친다고 보면 맞다.

학교장이 행사하는 모든 권한이 다 그렇지만, 특히 승진, 이동, 성과급 등의 결정에서 학교장의 의사는 거의 절대적이다. 교원평가 또한 마찬가지다. 2008년부터 승진을 앞둔 교사들에게 동료 교사의 다면 평가를 30퍼센트 반영하기는 했지만, 여전히 교장이 40퍼센트, 교감이 30퍼센트를 차지하고 있다.

또한 교장은 학교 운영에 필요하다고 판단하면 교사를 초빙할 수 있다. 이름하여 '초빙교사제'다. 초빙교사의 자격은 '교사자격증을 소지한 교육공무원으로 실교육경력(교사경력) 4년 이상, 현임교 근무경력 2년 이상인 현직 정규교사로서 당해 학교 초빙요구 조건에 적합한 자(초·중등교육법 제21조 2항)'라야 하지만 그것은 명분일 뿐, 승진 점수를 잘 받기 위해 오는 경우가 대부분이다. 이 때문에 초빙 과정에서 금전 비리는 물론이요, 자연히 교장과 공생관계(?)에 놓이게 된다.

이렇게 학교장과 공생관계에 있는 초빙교사가 '교장의 방패막이가 되고 학교 안에서 교사들의 입을 막는 역할'을 하는 데 앞장서는 일은 비일비재하다. 교사가 교감으로 승진하거나 원하는 지역으로 이동하기 위해서는 학교장의 근무평가가 거의 절대적이라는 사실, 교감 또한 교장으로 승진하려면 교장의 근무평가를 잘 받아야 한다는 사실을 감안한다면, 학교가 교장 왕국이 될 수밖에 없는 이유를 알 수 있다.

근무평가권과 인사권을 장악하고 있는 교장에게 민주적인 학교 운영을 요구하거나 혹은 학교 경영에 문제를 제기한다는 것은 자살행위에 가깝다. 사실이 이러함에도 불구하고 교장에 맞서다 눈 밖에 난 교사의 경우 '교육상 전보가 불가피한 자'로 분류되어 '직권내신'으로 전보발령을 받게 되기도 한다.

학교장은 '인격과 덕망을 갖춘 사람으로 교직원들의 존경을 받으며 학교경영을 민주적으로 운영할 수 있는 사람'이어야 한다. 물론 학교 현장에 파렴치한 교장만 있는 건 아니다. 윗사람들의 눈치를 보지 않고 학교를 운영하는 혁신학교 교장이며 내부형 공모제 교장, 그리고 작은 학교에서 온갖 어려움을 극복하며 2세 교육에 전념하면서 존경받는 교장선생님이 많다는 사실을 아울러 밝혀두고 싶다.

교감,
꼭 있어야 할까?

2002년 5785명, 2012년 6057명…. 10년 사이 272명이 늘어난 자리.

무슨 이야기일까? 대한민국에서 초등학교 교감의 자리에 있는 사람들 얘기다. 2012년 초등학교 교장 수는 5885명인데 반해 교감은 그보다 202명이 많은 6087명이었다. 그런데 교감은 교장과 달리 5학급 이하 학교에는 배정하지 않는다. 그런데도 왜 교감이 교장보다 더 많은 걸까?

수업을 하지 않는 사람, 그러면서도 학교경영의 책임자가 아니어서 있어도 그만 없어도 그만(?)인 사람으로 인식되는 사람. 대체 교감이 학교에서 하는 일은 무엇일까? 초·중등교육법 제20조 2항을 보면 "교감은 교장을 보좌하여 교무를 관리하고 학생을 교육하며, 교장이 부득이한 사유로 직무를 수행할 수 없을 때에는 교장의 직무를 대행한다. 다만, 교감이 없는 학교에서는 교장이 미리 지명한 교사(수석교사를 포함한다)가 교장의 직무를 대행한다"고 나와 있다.

'교장을 보좌하고 교장이 없을 때 직무를 대행…' 하는 게 임무인 교감은 '교무를 관리하고 학생을 교육한다'고 하더라도 교장을 보좌하거나 대신해서 하는 것이어서 법적으로는 사실상 교감에게 주어진 권한이 없다는 의미가 된다.

그런데 이런 교감을 왜 두 명씩 둔 학교가 있는 걸까? 학교에는 교감이 2명(43학급 이상인 학교)인 학교가 있는가 하면, 한 명인 학교(6~42학급) 그리고 한 명도 없는 학교(5학급 이하의 학교)도 있다.

복수교감제가 도입된 것은 1981년부터다. 2009년 현재 복수교감이 근무하는 학교는 전국에 734개교다(초등 532개교, 중고등 202개교). 정부가 복수교감제를 도입하게 된 이유는 '학교 운영의 효율성을 기하기 위해서…'란다. 과연 그럴까? 복수교감을 두게 된 실제적인 이유는 한국교원단체총연합회(교총)의 영향력 때문이다.

말이 좋아 교원단체지, 교총은 교사뿐 아니라 교감, 교장도 가입할 수 있는 노조도 아닌 교원들의 이익집단이다. 교장과 교사는 이해관계가 상반된 관계인데 계급적 성향이 다른 교사와 교감, 교장이 함께 가입해 있다면 당연히 단체는 교사보다 교감이나 교장의 이익을 대변하는 단체가 될 수밖에 없다.

교총은 2001년 교육부와의 교섭에서 "2005년까지 5학급 이하의 소규모 학교에도 교감이 배치될 수 있도록 교감 정원 확보에 최선을 다한다"는 조항을 집어넣었다. 교총의 이런 요구는 '행정업무 및 학교 관리업무로 교사의 업무량이 증가하고 소규모 학교가 많은 지역은 교원의 승진 기회가 축소된다'는 이유 때문이다. 승진 자리를 차지하기 위한 교감의 속내가 드러난 조치다.

과연 두 명의 교감이 있는 학교에서 행정업무의 효율성이 올라가고 교사의 업무가 줄어들었을까? 그렇지 않다. 업무의 효율성은커녕 교감 업무의 이원화로 학교 운영이 혼선을 빚는가 하면 교감 사이의 알력과 갈등으로 다툼이 벌어지는 웃지 못할 일이 벌어지기도 한다.

이명박 정부 시절 중등교사의 교원 법정정원 확보율은 70퍼센트대로 떨어져 현재 78퍼센트에 그치고 있다. 심지어 특수교사는 55.9퍼센트에 불과하다. 법정정원에 따라 부족한 교원 수가 무려 4만여 명에 이른다.

2012년 경제협력개발기구(OECD) 교육지표 조사 결과 OECD 평균 교원 1인당 학생 수는 14.4명이고 한국은 19.75명이었다. 또한 OECD 평균 학급당 학생 수가 초등학교 21.2명, 중학교 23.4명인 반면 한국은 초등학교 27.5명, 중학교 34.7명에 달했다.

2014년 OECD 교육지표 조사 결과 OECD 평균 학급당 학생 수가 초등학교 21.3명, 중학교 23.5명인 반면 한국은 초등학교 25.2명, 중학교 33.4명에 달했다. 이는 우리나라 학생 수의 자연 감소분조차도 반영하고 있지 못한 수치로 교육 여건 개선을 위한 정부의 투자가 오히려 감소하고 있음을 보여준다.

정부는 교사들의 승진 불만을 해소하기 위해 복수교감제나 수석교사제를 도입했지만 승진이나 증원에 대한 아무런 대책 없이 현 정원에서 배치하고 있어 교육 여건을 더욱 열악하게 만들고 있다.

한국교육개발원 자료를 보면 영국, 핀란드, 프랑스, 독일에서는 교감이나 교장이 수업은 물론이요, 학생상담까지 맡는 사례가 허다하다. 이에 반해 한국은 교감이나 교장이 수업은커녕 갑작스럽게 교사들이 몸이 아파 병가를 내도 대강조차 하지 않는 실정이다.

문제는 여기서 그치지 않는다. 교감과 업무가 중복되는 수석교사들이 현재 300명 수준이지만 앞으로 1만 명까지 늘리게 되면 어떻게 될까? 눈덩이처럼 불어나는 교감 발령 대기자들이 발령을 받을 경우 가르치는 사람이 부족한 상황에서 수업하지 않는 교감, 교장만 늘어나게 되니 결국 누가 손해를 보게 될까?

교감이나 교장이 외국처럼 수업을 하면 왜 안 될까? 보강마저 들어가기를 싫어하는 교감, 교장들 때문에 교사들은 수업 부담으로 지치고 학생들은 피해자가 되고 있다. 학생을 가르치기 싫어하는 사람들이 경영하는 학교에서 학생들이 과연 행복한 수업을 받을 수 있을까? 있어도 그만, 없어도 그만인 교감, 복수교감제 언제까지 이대로 둘 것인가?

(이 글은《교장제도 혁명》의 자료를 참고했다.)

학교에 신종 골품제가 나타났어요

학부모나 일반 시민들은 아이들을 가르치는 교사들을 서열이 없는 모두 똑같은 선생님으로 알고 있다. 그래서 지금까지는 어떤 선생님이 자신의 아이를 가르치든지 불만을 제기하거나 이의를 제기하지 않고 받아들였다. 하지만 교사를 교장, 교감, 평교사 혹은 1급 정교사와 2급 정교사로 구분해서 보면 어떤 생각이 들까?

요즘엔 수석교사와 정교사뿐 아니라 방과후 학교교사, 영양교사, 보건교사, 영어 보조교사, 영어회화 전문강사, 영어전담, 체육전담,

체육전문강사, 기간제 교사, 강사, 돌봄교사, 특기적성강사, 꿈나무지킴이, 코디네이터… 등 각양각색의 교사가 있다. 여기다 시간선택제 교사까지 새로 등장했다. 이렇게 교사들의 호칭을 늘어놓으니 교사 품평회나 교사 전시회를 방불케 한다.

옛날에는 교사라면 모두 다 같은 줄로 여겼다. 하지만 세상이 변하다 보니 교사도 천차만별이다. 교대나 사대를 졸업 후 임용고사를 거치면 아이들을 가르치는 1, 2급 정교사가 된다. 그런데 정규교사 외에 비정규직인 기간제 교사가 있고, 영어·수학 등 수준별 수업을 담당하는 수준별 강사, 인턴교사, 영어회화 전담강사, 그 밖에 상담사, 사서교사도 있다. 최근에는 학교 안에서 근무하는 직원이나 교무보

조까지 선생님이라고 부르는 학교도 있다.

정리를 좀 해보자. 교사를 직급별로 보면 교장, 교감, 수석교사, 1급 정교사, 2급 정교사로 분류할 수 있다. 교사 중 일부는 전문직으로 이동해 교장급인 장학관과 교감급인 장학사로 근무하기도 한다. 일반 공무원과 달리 급수가 없는 교직의 특성상 학교 사회는 교장이나 교감 그리고 최근에 나타난 수석교사 정도를 직급이 있다고 할 수 있겠지만, 그 외 모든 교사는 부르는 이름만 다를 뿐 수평적인 관계다. 혹시 부장교사를 직급으로 알고 있는 사람이 있을 수 있으나 보직일 뿐이다.

학교 설립 주체에 따라 교사는 공립학교 교사와 사립학교 교사로 분류된다. 공립학교 교사는 임용고사를 거치지만 사립학교 교사는 재단 이사장의 채용에 의해 교사직을 수행하게 된다. 교과목에 따라 국어, 수학, 영어, 사회, 음악, 체육, 미술 등 과목별 교사로 분류할 수 있고, 근무 여건에 따라서는 신분이 보장되는 정규직 교사와 학교장이 임명권을 행사하는 비정규직 교사가 있다. 정규직 교사는 교원자격증을 갖추고 임용고사를 거쳐 임용되어 62세까지 정년이 보장되는 교사를 말한다. 이에 반해 비정규직 교사는 교원자격증은 갖췄지만 임용고사를 거치지 못해 학교장이 결원을 보충할 목적으로 채용하는 교사다.

비정규직 교사는 일반 회사의 비정규직 노동자처럼 신분이 보장되지 않는다. 기간제 교사라고도 하는 이들은 시간강사와 보조교사, 인턴교사와 같은 임시직이어서 신분 보장이 안 되는 것은 물론 임금 수준이 정교사의 절반에도 미치지 못할 뿐 아니라 연금 혜택도 없다. 과거에는 정규직 교사가 임신이나 출산 혹은 병가로 장기간 근무를 할 수 없을 때 이를 대신해 근무하던 강사들이 대부분이었으나 최근에는 이름조차 헷갈리는 시간선택제 교사까지 등장한 실정이라 같은 학교에 근무하면서도 누가 정교사이고 누가 비정규직 교사인지 헷갈릴 정도다.

교육을 상품으로 보는 학자들이 있는가 하면 물과 공기처럼 공공재로 보는 학자들도 있다. 우리나라와 미국, 일본과 같은 나라는 교육을 상품으로 간주한다. 이런 나라에서는 학교도 일반 기업체와 같이 신자유주의라는 자본의 논리로 접근해 경쟁을 통해 효율을 극대화할 수 있다고 본다. 우리나라에서는 1997년 12월 30일, 교육부 고시 제1997-15호로 시작된 교육의 상품화 정책이 신자유주의 시장논리를 타고 학교 사회를 정규직 교사와 비정규직 교사로 나눠놓았다. 7차 교육과정에 의해 학교에서는 이른바 무한경쟁, 일등지상주의라는 잘못된 가치가 자리 잡게 되었다. 이 때문에 초등학생이 고등학교 교육과정을 선행학습하는 기현상마저 생겨났다. 시장논리의 연장선상에서 다양한 이름의 비정규직 교사가 학교에 들어오게 되었고, 근무실적에 따라 임금까지 성과급으로 지급하는 학교의 상업주의화가 나타나게 된 것이다.

이에 반해 독일이나 핀란드, 노르웨이 같은 유럽 교육선진국들은 교육을 상품이 아니라 인간으로서 당연히 누려야 할 기본적인 권리라고 본다. 따라서 유치원부터 대학까지 공부하고 싶은 사람은 누구나 무상으로 교육을 받을 수 있도록 국가가 책임을 지는 형태다.

교사의 다양화(?) 시대를 살아가는 학부모들은 사랑하는 아이들을 어떤 교사에게 맡기고 싶어 할까? 교육이 상품이라면 당연히 수요자인 학생에게 선택권이 주어져야 한다. 하지만 신자유주의 교육이 지배하는 학교에서 학생들에겐 어떠한 선택권도 없다. 눈에 넣어도 아프지 않을 아이들에게 최고의 교육환경을 만들어주고 최고의 교사에게 교육을 받게 하고 싶은 게 부모의 한결같은 마음이다. 하지만 교육이 상품으로 전락한 상황에서 아이들을 무한경쟁으로 내몰고 사교육비를 마련하기 위해 학부모들이 허리띠를 졸라매야 하는 이런 모순적인 현실을 언제까지 내버려둘 것인가? 신골품제가 판을 치고 있는 교직사회를 바꾸지 않고 어떻게 공교육이 정상화되기를 바라겠는가?

막장으로 몰아가는 교육정책, 그 끝은 어디인가?

"고교무상교육, 대학 반값등록금, 학급당 학생 수 감축 등 보편적 교육권, 교육복지 확대."

입시교육에서 벗어나 아이들의 꿈과 끼를 살리고, 보편적 교육권 보장을 위한 교육복지를 실현하겠다는 공약을 내걸고 출범한 박근혜 정부. 과연 지난 3년간 그 공약들은 잘 지켜졌을까?

집권 초기, 구조화된 국제중학교 입학비리와 일반 고등학교의 슬럼화 문제가 심각했음에도 박근혜 정부는 오히려 자사고 선발권을 강화하고, 사회적배려대상자 전형을 축소하는가 하면, 특권학교에 유리한 입시전형을 존속시키는 등 특권학교 정책을 계승·확대해왔다. 그 결과 사회통합에 기여해야 할 공교육이 오히려 특권학교와 서민학교로 나뉘어 사회적 불평등을 확대·재생산하고 있다.

자사고, 사립외고, 국제고 등 특권학교의 연간 교육비는 2000여만 원에 달해 보통의 서민은 엄두를 내지 못할 정도다. 이들 학교는 정부가 보장한 수능 위주의 입시정책과 교육과정 자율화를 이용해 파행적인 교육과정을 운영, 특권층의 교육 수요에 대응해왔다. 그 결과 특권학교 재단과 정부의 공모 아래 서민들의 자녀들만 희생되고 있는 셈이다.

학교 진입부터 장벽을 쌓아놓고, 특권층에게 유리한 교육정책을 만드는 정부가 과연 공교육의 역할과 교육정상화를 말할 수 있겠는가? 박근혜 정부는 특권계급의 자녀들에게만 유리한 정책을 내세우는 것도 모자라 국내외 자본에 학교 장사를 허용하는 교육영리화법안을 통과시키려 하고 있다.

이익금 배당과 과실송금, 영어캠프 등 실제적인 영리활동을 보장하는 교육영리화법안은 외화유출을 확대할 뿐 아니라 학교가 정상적인 교육활동을 하기보다 돈벌이에 몰두하도록 조장함으로써 공교육의 근본을 허무는 무서운 발상이다. 결국 교육 민영화는 가진 자들에게는 더 좋은 교육 기회를 제공하고 그렇지 못한 사람들에게는 더 나쁜 교육을 제공함으로써 교육 불평등을 심화하고 교육을 통해 사회적 지위가 대물림되는 사회를 만든다.

박근혜 정부는 특권학교 확대로 공교육의 사회통합을 저해하더니, 또다시 교육 내용을 둘러싼 이념 갈등으로 국론 분열을 조장하고 있다. 정부가 편법과 무리수를 써가며 교학사 교과서 감싸기에 나섰던 이유는 1987년 이후 민주화 성과를 부정하고 친일과 독재의 역사를 미화하고 이를 학생들에게 확산시키기 위한 시도가 아니었던가.

교학사 교과서 채택률 0퍼센트. 박근혜 정권의 역사왜곡 시도는 현명한 국민의 저항으로 막아낼 수 있었다. 그러나 정부는 국민의 저항에도 불구하고 교육부의 교과서 편수기능 강화와 국정화를 공식화하면서 정권의 입맛에 맞게 국정교과서를 만들겠다는 야심을 포기하지 않고 있다.

'고교무상교육, 대학 반값등록금, 학급당 학생수 감축 등 보편적 교육권, 교육복지 확대'는 박근혜 정부가 출범하면서 국민에게 한 약속이다. 하지만, 학급당 학생수 감축과 고교무상교육은 예산상의 이유로 기약 없이 연기하고, 대학 반값등록금 공약은 국가장학금으로 축소해 또 한 번의 양치기 공약이 되었다.

초등 돌봄교실은 무상이라는 말이 무색하게 돌봄 운영비가 축소되고, 간식비와 프로그램비는 수익자 부담에 의존하고 있다. 무상보육 정책을 비웃듯 사립 유치원 교육비 1000만 원 시대가 도래했다. 이뿐 아니라 유치원 어린이들에게 초등학교 1학년보다 많은 하루 8시간 수업이라는 반교육적인 요구를 하고 있는 현실이다.

박근혜 정권의 잘못된 교육정책은 여기에 그치지 않는다. 철저히 시장논리에 근거한 대학구조개혁 방안은 지방대학을 고사시키고, 취업률을 중심으로 한, 학과 구조조정과 비정규직 교수 해고로 이어지고 있다. 올바른 대학구조개혁 방안은 대학 퇴출이 아니라 비리재단 퇴출이고, 지방대학을 희생양으로 삼을 것이 아니라 대학서열 체제를 해소하는 것이고, 대학의 기업화 조장이 아닌 대학의 공공성을 강화하는 게 아니겠는가?

박근혜 정부의 교육시장화 정책은 끝이 보이지 않는다. 고용률 70퍼센트라는 숫자놀음에 학교교육을 파행으로 몰고 갈 시간선택제 교사제도는 또 어떤가? 시간선택제 교사는 최저생계비에도 못 미치고, 연금, 승진에 차별을 받는 알바 수준의 나쁜 일자리다. 수업만 하고 퇴근하는 교사는 교직사회의 분열을 조장하고 교육의 질을 떨어뜨린다. 박근혜 정부는 영어회화 전문강사, 스포츠 전문강사, 초등 돌봄교실 시간강사 등 교직사회를 분열시키고 비정규직만 양산하는 교육정책을 중단해야 한다.

교육을 병들게 하는 교원평가제

교육이 무너진 이유가 무엇일까? 교사들의 자질이 부족해서? 학생들이 공부를 하지 않아서? 교육정책이 잘못돼서?

교육 위기의 첫째 원인을 교사의 자질 때문이라고 답하는 사람이 많다. 전혀 틀린 말은 아니다. 하지만 과연 '교사의 자질'이 교육의 위기를 불러온 주범일까?

교육부는 교육 위기를 불러온 주범이 교원의 자질 부족이라고 판단, '교사들 간의 선의의 경쟁을 통하여 교육의 질적 수월성을 제고'하기 위해 교원평가제를 도입했다. 2006년 67개 학교에서 시범적으로 시행한 것을 시작으로 2007년에는 500여 개교로, 2009년 1761개교로, 그리고 2009년 9월 이후 3000여 개교로 확대해왔다. 2010년 3월, 전국의 1만 2000여 개교에서 전면 시행되고 있다. 교원평가제를 시행한 지 9년, 교원의 자질은 얼마나 향상되었으며 교육 위기는 극복되고 있는 걸까?

교원평가란 무엇인가?

정확히 말해 교원능력개발평가란 '대한민국 교육부에서 교원능력 신장 및 학생과 학부모의 공교육 만족도 향상, 공정한 평가를 통한 교원의 지도능력 및 전문성 강화를 통한 학교교육의 질적 향상을 위해 매년 시행하는 평가제도'다. 교원평가는 교원의 자질을 향상하기 위해서 '학생만족도조사, 학부모만족도조사와 동료평가로 나누어 실시'한다. 따라서 교원들은 교장과 교감, 동료, 학생 및 학부모들에게 평가를 받는다.

교육부는 2005년부터 교원평가를 도입하려고 시도했지만, 교사들의 엄청난 반발로 무산되었다가 줄다리기 끝에 2010년 3월 새학기부터 전국의 초·중·고등학교에서 시행되었다.

교원평가, 어떻게 하나?

교원평가는 교원 밖의 전문가가 정해놓은 몇 가지 기준과 지표를 바탕으로 교사의 수업을 참관한 후 항목별로 1~5점을 주고 이를 단순 합산하여 일정 점수 이상이면 우수교사, 일정 점수 이하이면 미흡교사로 판단한다. 미흡교사로 평가받은 교사는 재교육 프로그램을 이수해야 한다. 5.0점 만점에 평가 결과가 2.5점 미만이면 단기 연수, 2.0점 미만이면 장기연수를 이수해야 한다.

함영기 선생님이 쓴 《교육 사유》란 책에 다음과 같은 이야기가 나온다. "좋은 수업에 대한 기준이 없다면 그 교사가 수업을 잘하고 있는지 그렇지 않은지 어떻게 판단합니까?" 누가 나에게 이렇게 묻는다면 나는 이렇게 답할 것이다. "아니, 당신은 그 교사가 수업을 잘하고 있는지 그렇지 않은지 왜 그렇게 궁금합니까?"

그렇다. 교육부는 왜 그렇게 선생님들의 자질을 수치로 확인하고 싶어 할까? 원료를 넣으면 결과물이 나오는 상품처럼, 교육의 효과를 그렇게 금방 수치로 확인할 수 있는 걸까?

《교육 사유》에 이런 이야기도 나온다. "지적 호기심에 충만한 교사와 학생의 눈빛이 만나고 숨결과 숨결이 만나 섞이고 쌓이면서 만들어가는 수업에 무슨 기준이 필요하고 지표가 필요하다는 말입니까?"

교원평가 외에도 교사들에 대한 평가는 학교장이 1년에 한 번씩 매기는 '근무평가'가 있다. '근무평가'를 못 믿고 학부모들의 교원평가도 못 믿겠다면, 이 땅의 60만 교사의 일거수일투족을 CCTV를 설치해 분석하고 평가해야 한다는 말인가?

교육 주체를 관리와 통제의 대상으로 생각하는 교육관, 과연 바람직한가?

교육부는 교육 위기를 극복할 대책을 왜 세우지 못할까? 1964년 교육공무원 승진규정 제정 후 무려 19차례나 교원(근무)평가제를 바꿨다. 그러고도 교육부는 교원평가제를 시행해 교사들의 자질을 확인하겠다고 한다. 교육부의 주장처럼 교육 위기가 정말로 교원들의 자질 때문이었을까? 그렇다면 교원평가제 시행 9년이 지난 지금, 달라진 게 무엇인가? 교육을 살린다면서 입시제도를 해방 후 크게는 13번, 세부적으로는 35번, 평균 1년 2개월마다 바꿨다. 그렇게 해서 교육이 살아나고 공교육이 정상화되고 있는가?

교육부의 철학 없는 아랫돌 빼서 윗돌 괴기식 정책으로 학생과 교사들은 날이 갈수록 지쳐가고 있다. 교육은 없고 시험문제를 풀이하는 학교, 무너진 교실, 학부모들은 자녀들의 사교육비 마련을 위해 지치고 허탈해하고 있다. 교육부의 잘못된 정책으로 언제까지 교육 관계자와 학생과 가족들이 끝없는 고통에 시달리며 살아야 할까?

학교평가,
교원평가로 교육의 질 향상되었나?

1. 담임 선생님은 다양하고 효과적인 방법으로 학습지도에 적극 임한다고 생각하십니까? (학습지도)

2. 담임 선생님은 자녀가 학교생활을 잘 할 수 있도록 관심을 갖고 바르게 지도한다고 생각하십니까? (생활지도)

3. 담임 선생님은 학급을 즐겁고 신나게 운영하고 있다고 생각하십니까? (※학급경영 영역 추가 시)

학부모에 의한 만족도 조사 중 '담임교사에 대한 학부모 만족도 조사지' 문항 내용이다. 과연 이런 조사방법으로 교원의 전문성이 신장되고 공교육 신뢰도가 높아질까?

1. 선생님은 자녀가 흥미를 갖고 학습에 참여하도록 준비한다고 생각하십니까? (수업준비)

2. 선생님은 자녀가 학습내용을 쉽게 이해할 수 있도록 가르친다고 생각하십니까? (수업실행)

3. 선생님은 자녀가 학습에 성취감을 갖도록 지도한다고 생각하십니까? (평가 및 활용)

4. 선생님은 평소 상담활동을 통해 자녀를 잘 이해하고 바르게 성장할 수 있도록 지도한다고 생각하십니까? (개인생활지도)

5. 선생님은 자녀가 친구들과 잘 어울리며 즐겁게 학교생활을 할 수 있도록 지도한다고 생각하십니까? (사회생활지도)

학부모에 의한 만족도 조사 중 '담임교사에 대한 세부만족도 조사지' 문항 내용이다. 항목별로 '매우 그렇다, 그렇다, 보통이다, 매우 그렇지 않다, 잘 모르겠다'로 나눠 평가한 뒤 '담임 선생님의 좋은 점'과 '담임 선생님께 바라는 점'을 서술식으로 기록하게 해놓았다. 과연 이런 평가로 담임교사의 자질 향상과 전문성을 신장할 수 있을까?

정부는 교원평가제를 도입하면 이른바 부적격 교원을 퇴출하고 교원 전문성을 신장하여 교육의 질을 향상할 수 있다는 이유를 내세웠다. 2000년 교원평가제 도입 논의가 있은 지 15년의 세월이 흐른 지금 달라진 게 무엇인가?

이명박 정부 시절, 교육부는 ●교원평가 결과의 승진 등 교원인사 및 성과급과의 적극적 연계 ●외부 경영전문가 등의 교장 공모제 확대 ●학부모 평가의 실효성 제고를 위한 교원 수업 온라인 공개 ●과도한 학습부담 감축과 객관식 문제풀이 중심의 평가개선 등을 위한 2단계 국가교육과정 개편 등을 초·중등 분야 중점 추진의제로 제시했다.

결과는 어떻게 됐을까? 대통령 자문기구인 국가교육과학기술자문회의가 공개한 국민교육의식조사 결과에서조차 교원평가제는 이명박 정부의 17개 핵심정책 중 꼴찌를 기록했으며 차기 정부에서 반드시 폐지 또는 축소해야 할 정책으로 1위를 차지했다.

학교는 지금 학부모를 위한 보여주기식 전시성 수업 공개, 동료와 학생들의 체크에 의해 한 줄로 세워지는 무의미하고 비인간적인 경쟁, 동료 교사를 저울질하면서 업무의 급증으로 제대로 수업조차 할 수 없는 교원평가 때문에 몸살을 앓고 있다.

교육부는 학생들의 교원평가 참여율을 높이기 위해 '입학식, 개학식 등과 같이 교과나 창의적 체험활동시수에 포함하지 않은 학교행사로 1시간, 담임교사 지도교과의 연간지도 계획에서 단원 정리나 총정리를 위한 시간 중 1시간, ICT활용 교육시간 중 1시간 확보' 등을 통해 학생 참여를 강제하여 학교 교육과정을 파행으로 몰고 있다. 교사가 지도하는 정규 수업시간을 이용하여 학생들에게 교사를 평가하라고 종용하니, 교사도 학생도 얼굴을 들 수 없는 반교육적 상황과 갈등이 연출되고 있는 것이다.

교원평가만이 아니다. 학교평가 성적을 올리기 위해 일제고사 향상, 특색사업 참여, 교원의 직무연수, 학교폭력 지도실적, 전시행정, 과다 업무, 허위 보고, 교사-학교 통제, 묻지마 연수 등으로 학교 현장을 망가트리고 있다. 학교성과급이나 학교평가는 교원 간의 건강한 경쟁을 유발하기보다는, 교원 간-학교 간 불화와 갈등을 조장하고 교원들을 허탈하게 만들고 있다.

이제 경쟁만능 학교평가, 교원평가제를 폐지하고 교육주체 간 대화와 소통을 통해 사회적 합의의 길로 나서야 한다. 학부모, 학생, 교사 등 교육의 세 주체가 서로 협력하고 소통하며 학교교육과 경영에 참여할 수 있는 제도부터 마련해 법제화해야 한다. 그것이 교육다운

교육을 위해 교원의 전문성과 공교육의 신뢰를 높이고 교육하는 학교를 만드는 길이다.

우수교원 확보하겠다면서
시간제 교사는 왜?

"아니 미치지 않고서야 어떻게 그런 정책을 내놓을 수가 있어?"

"그러게 말이야! 쥐꼬리만 한 월급을 주면서 공무원 신분이라 겸직금지의 원칙 때문에 이중 직업도 가질 수 없다면서?"

"시간이 되면 나타나 수업만 하고 사라진다면 학생들 생활지도며 잡무 처리는 누가 하지?"

"초등 일선 학교에 1년 동안 처리해야 할 공문이 2만 3000여 건이나 된다는데 그 일은 누가 하지?"

"높은 사람들은 머리가 모자라든지 아니면 사이코들 아니야?"

'시간선택제 교사'를 뽑겠다는 정부의 발표를 듣고 선생님들이 하는 얘기다. 박근혜 정부가 또 사고를 쳤다. 법정 정원도 채우지 못해 기간제 교사를 채용해 신분이 불안한 교사들이 근무하는 학교에 이번에는 '보지도 듣지도 못하던' 시간선택제 교사라니?

시간선택제 교사란 청년 일자리 창출을 위해 도입된 새로운 직종의 교사를 말한다. 2013년 6월 4일 박근혜 정부가 공개한 '고용률 70% 달성 로드맵'에 따라 공무원과 교사 직종에 '시간제 일자리'를 만들어 민간분야로 확산한다는 방침에 따른 조처요, 2012년 현재 149만 개인 시간제 일자리를 오는 2017년까지 242만 개로 늘린다는 계획에 의해 생긴 일자리다.

내년 2학기부터 일선 학교에 배치할 시간선택제 교사는 주 20시간, 하루 4시간 근무하되 개인의 사정에 따라 근무시간을 선택할 수 있다. 예컨대 주 5일간 오전에만, 또는 오후에만 근무하거나 월·화·수요일은 오전, 목·금요일은 오후에 근무할 수 있다. 수업은 하지만 행정업무를 맡지 않고 퇴근해버리는 교사. 교육부는 2014년부터 시간선택제 교사 600명을 뽑고, 2015년에 800명, 2016년 1000명, 2017년 1200명 등 앞으로 4년간 모두 3600명을 채용할 계획을 밝혔다.

학교에는 기간제 교사라는 비정규직 교사가 있다. '교육감의 발령을 거치지 않고 학교 측과의 계약을 통해 정해진 기간 동안 일하고 있는 교사'를 말한다. 정규직 교사가 근무기간 중 출산을 하거나 입원을 하는 사정으로 학생들을 가르칠 수 없는 상황에 처했을 때 학교장이 일정 자격을 갖춘 사람을 채용해 연가나 휴가를 낸 자리를 대신하도록 기간제 교사를 채용한다. 기간제 교사는 학교에서 근무하긴 하지만 교육청 직원이 아니라 학교 직원이다. 그래서 매년 계약을 갱신해야 하고, 경력과 관계없이 13호봉을 최고 호봉으로 임금을 받는다.

예산절감이라는 이유로 갈수록 정규직 교사의 비율이 줄어들고 있다. 1995년만 해도 비정규직 교사의 비율은 중학교의 경우 2.6퍼센트에 불과했다. 그런데 2013년에는 비정규직 교사의 비율이 무려 17.8퍼센트로 급증했다. 비정규직 교사는 특히 2010년에서 2012년 사이에 8.7퍼센트나 늘어나 전국의 사립 초·중·고에서 신규 교원의 70.9퍼센트가 기간제 교사다. 이런 추세라면 정규교사 반, 비정규 교사 반이 될 날도 멀지 않았다.

이런 현실을 두고 정부는 시간선택제 교사제를 도입했다. 시간이 되면 나타났다 수업이 끝나면 사라지는 교사. 시간선택제 교사들로 채워진 학교에서 학생들의 생활지도나 공문 처리 그리고 행정업무는 누가 맡을까? 지금도 잡무 때문에 가르치는 일이 뒷전이 되어버린 학교를 시간선택제 교사로 채운다면 교육이 제대로 될 수 있을까?

우리나라는 법이 정한 법정교원을 채우지 못하고 있다. 교사가 부족해서가 아니다. 예산을 절약하기 위해 법정정원을 채우지 않고 있는 것이다. 교육을 경제논리로 풀겠다는 정부의 방침에 따라 기간제 교사도 모자라 이제는 시간제 교사로 채우겠다는 것이다.

중등교사의 교원법정정원 확보율은 국민의 정부 84퍼센트, 참여정부 82퍼센트에 비해 이명박 정부 때 78퍼센트로 줄어든 상태였다. 현재 초·중등교육법 시행령에 의한 초·중등 교원 배치기준을 따른다 해도 부족한 교원이 4만 명에 이르고 있다. 이런 상황에서 시간선택제 교사를 도입하면 학교 현장이 어떻게 되겠는가?

교사 1인당 담당하는 학생 수가 적을수록 교육의 질이 향상된다는 건 상식에 속한다. 하지만 담임을 맡길 수 없고, 학생상담도 할 수 없고, 수업준비 및 교재연구도 집에서 알아서 하는 시간제 교사로 채워지는 학교는 과연 어떤 모습일까? 교육이란 단지 수업시간에만 이루어지는 게 아니다. 등교부터 하교까지 학생들의 생활에 연관된 모든 것이 교육의 대상이다. 교사로서의 사명감, 책임감 따위에는 관심도 없이 수업시간에 지식만 전달하고 퇴근해버리는 교사들은 교육자일까, 학원 강사일까?

박근혜 정부가 시간선택제 교사를 뽑는 이유는 한마디로 '예산(인건비) 절감' 때문이다. 4년간 3600명의 시간선택제 교사가 근무하는 학교에서 학생들의 생활지도는 누가 할까? 정규교사의 업무 부담만이 문제는 아니다. 시간선택제 교사의 임금은 최저 생계비에도 미치지 못하는 알바 수준이다. 시간이 갈수록 정규직 교원과의 임금 격차는 확대될 것이고, 연금 격차도 당연히 확대된다. 시간선택제 교사는 사실상 승진과 정규직 전환이 불가능하다. 특히 공무원은 겸직 금지 대상이므로 생계의 어려움을 겪을 수밖에 없다.

교육의 질은 교사의 수준을 넘지 못한다고 했다. 그래서 양질의 교원을 양성하기 위해 복잡한 절차를 거친다. 우수한 교원의 확보가 교육의 성패를 좌우한다. 교사가 정서적으로나 경제적으로 안정감을 느끼며 교육에 임할 때 학생들에게 양질의 교육이 가능하다. 경제적으로 안정되지 못하거나 신분 보장이 되지 않아 불안한 교사들에게 어떻게 양질의 교육을 기대할 수 있겠는가? 돈 몇 푼 아끼기 위해 검증되지 않은 교사들로 학교를 채우겠다는 '시간선택제 교사제'는 원점에서 재검토되어야 한다.

교육감 임명제 추진, 그 속내가 궁금하다

2014년 17개 시·도에서 치른 6.4 지방선거 결과 전국 13개 지역에서 진보교육감이 당선되었다. 그런데 선거가 끝나기 바쁘게 새누리당은 교육감선거를 직선제가 아닌 임명제로 전환할 것을 주장했다. 새누리당 주호영 정책위의장은 현행 교육감선거의 경우 '과도한 선거비용의 문제' '끊임없는 비리 문제' '교육감 후보 인지 부족으로 인한 로또선거' 등의 문제를 가지고 있어 임명제로의 전환이 필요하다고 했다.

새누리당은 지난 선거 후 현행 교육감 직선제를 폐지하고 임명제 또는 광역단체장과 교육감이 동반 출마하는 러닝메이트제를 주장해 왔다. 그러다 2014년 6.4 지방선거에서 참패하자 교육감선거를 소모적인 직선이 아닌 임명제로 가야 한다면서 목소리를 높이고 있다.

정부의 목소리를 대변해온 보수적인 교육단체인 교총도 그렇다. 교총은 교육감 직선제가 도입되기 전에는 교육감선거를 직선으로 해야 한다고 주장하던 단체였다. 그런 교총이 6.4 지방선거가 끝나기 바쁘게 "교육감 직선제가 위헌"이라고 주장하며 헌법소원을 추진하겠다고 했다.

조·중·동을 비롯한 수구언론도 마찬가지다. 지방선거에서 진보 성향의 교육감이 대거 당선되자 마치 기다리기나 했다는 듯이 교육감 선거는 직선이 아닌 임명제로 가야 한다고 한목소리를 내고 있다.

교육감은 정부 수립 후 교육위원의 추천으로 대통령이 임명(1949~1990)했다. 그 후 교육위원회에서 무기명투표로 선출해오다(1991~1997) '지방교육자치에 관한 법률(지방교육자치법)'이 개정됨에 따라 (1998~2006) 학교운영위원들이 선거권을 행사하는 간선제로 바뀌었다. 주민직선제로 교육감을 선출하게 된 것은 2007년부터였다.

교육감을 일컬어 '교육대통령' 혹은 '소통령'이라고들 한다. 교육감이 행사할 수 있는 권한이 그만큼 막강하기 때문일 것이다. 교육감의 권한은 과연 어느 정도일까? 교육감은 각 시·도의 교육에 관한 사무를 총괄 처리하는 사람으로 구청장이나 군수 등의 기초자치단체의 장과 권한을 나눠 갖는 시·도지사와는 달리 교육감의 권한은 분산되지 않는다. 교육의원들의 동의에 따라 자체적으로 예산을 편성할 수 있고, 교육세를 징수하여 교육사정 개선에 쓸 수 있으며, 대통령이나 국회의원은 교육감의 정책에 대해 간섭할 권한이 제한되어 있을 정도다.

지방교육자치법에 따르면 교육감은 ● 학교의 설립 및 폐지 ● 고교 선발방식 결정 ● 교원 및 교육행정직의 인사 ● 예산편성권 ● 교육과정의 편성 운영 등 17가지 권한을 부여한다. 17개 시·도 교육감이 다루는 한 해 예산만 해도 52조 원이다. 서울교육감의 경우 연간 7조 원대의 예산을 집행한다. 국공립 교장, 교감, 교원은 물론이요, 교육장과 교육청 산하 직영기관장에 대한 인사권을 행사한다. 학생들의 학습권과 직결된 교원의 승진과 이동 등 막강한 권한을 행사할 수 있는 까닭에 교육감을 일컬어 소통령 혹은 교육대통령이라고 부르는 것이다.

그동안 교육 현장은 만신창이였다. 이성이 있는 사람이라면 지금의 학교는 이대로 둘 수 없다는 게 교육을 걱정하는 사람들의 주된 시각이었다. 이런 정서를 반영하듯 전국 13개 지역에서 전국교직원노동조합(전교조) 출신과 종북으로 매도당하던 진보 성향의 교육감이 대거 당선되었다.

지난 지방선거에서 진보교육감들이 유권자들의 지지를 받은 이유가 뭘까? 그들은 어떤 공약을 실천하려 하는가? 진보교육감 당선자들이 내건 공약을 보면 가장 먼저 생각나는 게 혁신학교나·무상교육 같은 정책이다. 이들의 공약을 조금만 주의 깊게 살펴보면 교육을 살리겠다는 기발한 아이디어가 담겨 있음을 알 수 있다.

세종특별자치시에서 당선된 최교진 당선자의 공약을 보자. 그가 내세운 정책 중에는 '캠퍼스형 고등학교' 시스템을 구축하겠다는 내용이 들어 있다. 정부청사 이전과 인구 급증으로 새로 학교를 많이 지어야 하는 세종시의 특수한 사정을 감안해 도입하겠다는 '캠퍼스형 고등학교' 시스템이란 어떤 내용일까?

간략히 말해 '캠퍼스형 고등학교'란 도시 외곽에 4~5개의 고등학교를 묶어 하나의 캠퍼스처럼 운영하겠다는 정책이다. 여러 단과대학이 하나의 교정에 모여 있는 대학 시스템과 유사한 방식이다. 인문계고를 외국어고나 예술고와 묶어 마치 대학처럼 다양한 수업을 운영하므로 학생들이 자기 관심사에 맞는 수업을 골라 들으며 대학입시를 준비할 수 있다는 얘기다.

아랫돌 빼 윗돌 괴기식 교육정책을 남발해온 현 정부의 교육정책과는 근본적으로 달라 신선하다. 경기도 혁신학교처럼 진보교육감들이 내놓은 교육정책은 위기의 학교를 살리는 데 청량감을 주고 있어 학부모들의 환영을 받고 있다.

진보교육감들의 공약을 분석해보면 '모든 아이를 위한 학교를 만들겠다'는 게 그들의 공동 약속이다. 그들은 ● 학교폭력, 급식 사고, 학교 내 안전사고 등을 없애 '안전한 학교' ● 교육복지를 확대한 '따뜻한 학교' ● 혁신학교의 성과를 확대한 '행복한 학교' ● 비리를 척결한 '깨끗한 학교' ● 민주 시민교육을 강화한 '민주적인 학교'를 목표로 삼겠다고 밝혔다.

이런 진보교육감들의 개혁안이 학교 현장에서 실현 가능할까? 진보교육감이 대거 당선되자 교육부와 수구언론 그리고 교육부의 앵무새 노릇을 해오던 교총은 난리가 났다. 《동아일보》는 2014년 6월 9일 〈역사교과서 전쟁 예고한 친(親)전교조 교육감 당선자들〉이라는 주제의 사설에서 '13명의 진보좌파 교육감 중 8명이 전국교직원노동조합 간부 출신이고 5명은 친(親)전교조 성향'이라면서 '북한의 3대 세습 독재정권의 잘못에는 침묵한 새 교과서가 판을 치고 역사전쟁(?)을 치를 것이라고 선동했다. 《조선일보》도 〈보수 분열로 전교조 교육감들 손에 들어간 '교육 권력'〉〈親전교조 교육감들 뭘 하려고 벌써

단합 모임 갖나) 등의 사설을 통해 진보교육감을 색깔논쟁으로 내몰았다. 교육부는 서남수 전 장관이 취임 때부터 3~4차례 강조한 "교육감과 진솔하게 협력하겠다"던 입장과 달리 학교폭력, 학교생활기록부(학생부) 기재와 자치조례 등에 대해 사사건건 간섭하고 있다.

지금까지 보수교육감의 행태를 보면 우리 교육이 왜 이 지경이 됐는지 알 만하다. 교육철학은 말할 것도 없고 반민주적인 경영철학과 시대착오적인 인권의식 등 교육자로서 지탄받아 마땅한 인사들이 교육감직을 맡아 왔다. 비리의 종류도 다양하다. 사립학교 채용 관련 비리, 기간제 채용 관련 비리, 학부모의 불법 찬조금, 시설 및 납품 관련 비리, 장학사의 인사비리 등 목불인견이다.

지난 지방선거에서 유권자들이 진보교육감을 지지한 것은 결코 우연이 아니다. 위기의 학교, 만신창이가 된 학교를 살려야 한다는 의지가 드러난 결과이기 때문이다. 순종이 미덕이라며 국·영·수 문제풀이를 되풀이하는 학교를 교육하는 학교로 정상화할 수 있을지 진보교육감들에 대한 기대가 크다. 이들의 앞길에는 수많은 난관이 기다리고 있다. 보수적인 도지사와 의회가 예산문제를 놓고 사사건건 방해할지도 모른다. 다양한 악조건에도 불구하고 진보교육감들이 흔들림 없이 교육 살리기에 전력을 다하기를 기대해본다.

당선된 진보교육감들이
가장 먼저 해야할 일

2014년 4월 16일에 발생한 세월호 참사 탓일까? 학부모들의 반란(?)이 6.4 지방선거판을 바꿔놓았다. 서울 조희연을 비롯해, 부산 김석준, 인천 이청연, 광주 장휘국, 세종 최교진, 경기 이재정, 강원 민병희, 충북 김병우, 충남 김지철, 전북 김승환, 전남 장만채, 경남 박종훈, 제주 이석문 당선자가 바로 그들이다.

전교조 출신이나 진보 성향의 후보들에 대해 보수 후보들은 종북 세력이나 빨갱이라고 매도했다. 그들에게 교육감직을 맡기면 교육이 무너질 것이라며 위기의식을 느끼게 하는 이데올로기 공세를 펼쳤지만, 전국 17개 지역 교육감 중에 13개 지역에서 전교조 출신 혹은 진보 성향의 교육감이 선출되는 대이변이 연출되었다.

'당신의 자녀를 전교조에게 맡기겠습니까?' 보수 성향의 교육감 후보들은 선거 공보에 이런 문구까지 넣으며 전교조를 이적단체나 교육을 파괴하는 불순단체라고 주장해왔다. 그러나 지난 6.4 지방선거는 그런 이념 몰이를 극복하고 위기의 학교, '가만히 있으라'고만 하는 순종적 교육을 거부하는 학부모들의 뜻이 반영되었다. 교육을 바꿔야 한다는 정서가 이변을 낳은 가장 큰 이유가 아닐까 싶다.

시민단체들은 왜 특정 후보를 지지하고 지원할까? 그것은 유권자들의 의사에 반하는 교육정책을 추진하는 교육감에 대한 실망과 학부모들의 이해를 반영하는 정책을 추진할 철학이 있는 교육감이라야 진정으로 교육을 살릴 수 있다는 기대감 때문이다. 순수하게 교육을 살려야 한다는 간절한 요구야말로 변화의 시발점이었다.

경남의 경우 지난 6.4 지방선거에서 93개 시민단체가 박종훈 후보를 지지하고 지원했다. 고영진 전 교육감의 교육시장화 정책, 신자유주의 정책이 우리 아이들을 한계상황으로 몰아가고 있다는 위기의식의 발로였다. 특히 2015학년도 고입 연합고사를 부활시키겠다던 고영진 전 교육감의 정책은 시대를 역행하는 반교육적인 정책이라고 느꼈기 때문이다.

이처럼 변화를 바라는 시민단체들의 지지와 지원을 받아 당선된 박종훈 경남교육감은 스스로 꿈꾸던 교육철학으로 경남의 교육을 이끌어나가겠지만, 시민단체들의 요구와 정책은 어떻게 반영해나갈 수 있을까? 전교조를 비롯한 YMCA, 참교육학부모회, 환경운동연합 등 각종 시민단체가 교육감에게 일일이 면담을 요구한다면 93개 단체의 얘길 듣다가 임기가 다 끝날지도 모를 일이다.

지난 경험을 비추어본다면 당선된 진보교육감들이 현실적으로 지지단체들의 요구를 수용할 수 있는 법적인 기구를 만들 수 없다. 그러므로 비록 공식적인 역할을 할 법적인 기구는 아니더라도 '교육감정책자문단'과 같은 기구를 만들어 정기적으로 단체의 요구를 수렴, 교육감이 듣고 판단해 정책에 반영할 수 있도록 하는 기구를 만들 필요가 있다.

이런 기구를 통해 수렴된 정책을 도교육청 단위에서 공식 검증과정을 거쳐 반영할 건 반영하고 연구할 건 연구해 정책으로 도입, 실천에 옮길 수 있도록 해야 한다. 개인이 아닌 단체를 만들어 의사를 반영하는 과정은 민주주의를 실현하는 길이기도 하거니와 시민단체가 추천한 후보로서 의미를 살릴 수 있지 않을까 싶다.

지난 선거과정에서 경남이 전국에서 가장 먼저 무상급식을 실천한 것이나 전국에서 최초로 기숙형 공립 대안학교를 설립할 수 있었던 것은 나를 비롯한 몇몇 전교조 교사의 요구를 교육감이 수용, 현실화한 결과다. 지지단체의 요구 혹은 정책자문단의 건의를 수렴해 정책으로 채택, 실천에 옮기는 선례를 만든다면 위기의 교육, 무너진 학교를 살리는 데 일조할 수 있을 것이다. 그런 민주적 과정 속에서 학생들의 꿈과 끼를 살리는 교육, 학부모들이 사교육비 때문에 허리띠를 졸라매야 했던 고통에서 해방되는 길이 열리기를 기대해본다.

진보교육감, 어떻게 교육을 살릴 것인가?

지난 6.4 지방선거에서 진보교육감이 대거 진출하는 선거혁명을 목격했다. 무너진 교육을 살리고, 세월호 참사로 희생된 학생들에게 속죄하는 뜻에서 더는 비정상적 교육 상황을 내버려둘 수 없다는 유권자들의 간절한 소망이 진보교육감 당선이라는 결과를 낳은 것이다.

전국 17개 시·도 가운데 13개 지역 당선자가 진보 성향의 교육감이다. 적게는 10여 개, 많게는 100여 개에 가까운 시민단체가 지지하고 지원한 후보들이다.

진보교육감들은 이제 어떤 일을 해야 할까? 그들은 우선 공동 공약으로 제시한 입시 고통 해소 및 공교육 정상화를 위한 과제를 실천에 옮겨야 한다. 학교는 지금 한계상황에 처해 있다. 교육이 없는 학교, 학원으로 뒤바뀐 학교가 그렇다. 또한 교육을 상품이라고 말하면서 수요와 공급이라는 상업주의 시장판으로 변모해버린 현실이 그렇다. 학교폭력이 난무하고 성적 때문에 자살하는 학생이며, 사교육비 때문에 허리띠를 졸라매야 하는 학부모의 고통과 공문 폭탄으로 가르치는 일은 뒷전이 되어버린 교사들의 근무 여건을 개선하는 일….이런 산적한 문제가 진보교육감 앞에 놓여 있다.

진보교육감들이 해야 할 일은 부지기수지만 그중 학교 민주화가 선결 과제다. 민주주의는 교문 앞에서 멈춘다고 했던가? 장래 민주시민으로 살아가야 할 학생들이 학교에서 민주주의를 제대로 배우지 못하고 있다. 학생회, 학급회 같은 조직이 있긴 있지만 형식일 뿐이다. 학부모회도 있고 교사들의 회의기구인 교사회도 있지만 구속력이 있는 법적기구가 아니다. 학교운영위원회는 형식적으로는 법적기구이지만 의결기구가 아닌 심의기구인데다 사립은 자문기구일 뿐이다. 학생대표가 참석하지 않는 학교운영위원회는 점수가 필요한 교사위원과 이해관계가 걸린 학부모위원 그리고 친교장 성향의 지역위원으로 구성되어 있어 학교장의 들러리일 뿐이라는 비판을 면치 못하고 있다. 이처럼 민주적인 실천도장이 되지 못하는 학교에서 학생들이 어떻게 민주주의를 배울 수 있겠는가?

다음으로, 공교육 정상화 없이는 무너진 교육을 살릴 수 없다. 학교가 실현하려는 교육목표는 교육법과 초·중등교육법 그리고 교육과정에 명시되어 있다. 하지만 대학이 서열화되어 있고 일류대학 합격이 교육의 목표가 되어버린 학교에서 과연 법전이 요구하고 있는 이상적인 목표를 어떻게 달성할 수 있겠는가? 수많은 학생이 '4당5락'의 고통에 지칠 대로 지쳐 있다. 이런 상황에서 교육과정의 정상화 없는 공교육 살리기는 기만이요, 허구일 뿐이다.

사교육비 폭탄 해결도 급선무다. 오늘날 학교의 위기는 교육부의 경쟁교육이 만든 결과라 해도 과언이 아니다. 국·영·수 점수로 사람의 가치를 서열화하는 점수지상주의, 교육을 상품으로 전락시켜 무한경쟁하게 하는 입시교육이 사교육비 폭탄을 양산했다. 지금 학교는 국제고, 영재고, 자립형 사립고(자사고), 특수목적고, 특성화고 등으로 서열화되어 있다. 고교평준화와 공교육 정상화가 학교를 살리는 길이지만, 교육을 상품으로 보는 신자유주의 교육정책은 학생과 학부모를 나락으로 내몰고 있다.

입학한 학생들이 전공과 관계없이 취업준비에 열중인 대학에서 어떻게 제대로 된 교육이 가능하겠는가? 국·영·수 점수로 사람의 가치를 매기고, 'SKY' 졸업장으로 사람의 등급을 매기는 나라에서 정상적인 교육을 기대할 수 있을 리 만무하다.

진보교육감들에게 맡겨진 가장 큰 책무는 학교를 교육의 장소로 되살리는 일이다. 그것이 세월호 참사로 희생된 학생과 학부모들이 간절하게 바라는 교육의 기본이 아니겠는가?

진보교육감이
꿈꾸는 세상

13명의 진보교육감 당선으로 교육 현장이 얼마나 달라질지 설렘과 기대로 벅찼다. 무엇이 바뀌고 얼마나 달라질까? 서울시교육감 조희연 당선인은 2014년 7월 1일에 제20대 서울시교육감으로 취임했다. 하지만 의례적인 취임식은 하지 않았다. 세월호 참사의 실종자가 아직 바닷속에 남아 있고, 진상 규명도 되지 않은 상황에서 화려한 축제로 시작하기에는 양심이 허락하지 않기 때문이라고 했다. 세종시교육감 최교진 당선자는 공식 일과가 끝난 오후 5시에 초등학교 학생이 사회를 보는 이색적인 모습으로 세종시 민체육관에서 취임식을 가졌다.

시장판이 된 학교, 문제풀이에 지칠 대로 지친 아이들, 사교육비 마련을 위해 허리띠를 졸라매야 하는 학부모들의 현실을 진보교육감들이 어떻게 변화시킬 수 있을지 다양한 교육 주체들이 기대의 시선을 늦추지 않고 있는 상황에서 취임식 정도로 보수와 진보의 차이를 구별하고 싶지는 않다.

하지만 진보교육감 당선자 13명이 2014년 12일 서울 광화문 한국언론회관에 모여 "공교육 혁신의 새 시대를 열겠다"며 6가지 공동 추진사항을 발표한 공동 기자회견문은 다시 한 번 주목하고 싶다. 진보교육감 당선자들은 '모든 아이를 위한 학교'를 약속하며 ● 학교폭력, 급식 사고, 학교 내 안전사고 등을 없애 '안전한 학교' ● 교육복지를 확대한 '따뜻한 학교' ● 혁신학교의 성과를 확대한 '행복한 학교' ● 비리를 척결한 '깨끗한 학교' ● 민주 시민교육을 강화한 '민주적인 학교'를 만들겠다고 했다.

진보교육감들이 바꿔야 할 학교의 모습을 들여다보면 참으로 기가 막힐 뿐이다. 사회시간에 수능과목 문제를 푸는 학생, 수업은 뒷전이고 잠을 자는 학생, 끊임없이 주변 친구들과 잡답하며 수업을 방해하는 학생, 책상 밑에 놓인 거울을 보며 매무새를 다듬는 학생, 수업을 진행할 수 없어 복도에 세워놓으면 그곳에서조차 장난질인 학생에 이르기까지 제대로 된 교육을 진행하기 어려운 상황이다. 2011년 한국리서치가 조사한 자료에 따르면 학생들의 53퍼센트가 '수업시간에 불행하다고 느낀다'고 답했으며, '수업시간에 한 번도 질문을 하지 않는다'는 학생이 무려 42퍼센트나 되었다.

교사들은 어떨까? 오늘날 한국의 교사들은 스스로 3D업종에 종사하고 있다고 하소연하고 있다. 교권이 무너진 교실에서 보람이나 긍지를 느끼기 어렵다. 사교육비 폭탄에 지칠 대로 지치고 학교폭력의 불안에 아이들의 안위를 매일매일 걱정해야 하는 학부모의 마음은 또 어떤가? 비정상적인 학교에서 어느 누군들 행복할 수 있겠는가?

앞서 강조했듯이 진보교육감이 가장 우선해야 할 문제는 민주주의를 회복하는 일이다. 교장, 교감, 수석교사, 부장교사, 평교사, 기간제

교사로 서열화된 학교. 이렇게 계급화된 학교에서 어떻게 민주주의 교육이 가능하겠는가? 회의체계는 있지만 교사들의 의사가 반영되지 않고 법제화되지 못하는 상황에서 학교 구성원들은 지시와 복종을 강조하는 전근대적인 시대에 살고 있다. 학부모들은 법적인 기구가 아닌 임의기구에서 학교장의 들러리 역할에서 벗어나지 못하고 있다.

학생을 하나의 인격체로 보지 못하게 하는 인권의 실종 또한 하루빨리 바꿔야 할 당면과제다. 정부가 전쟁을 선포한 학교폭력도 따지고 보면 개인의 폭력성이 원인이기보다는 '자아 존중감, 남을 배려하는 마음, 공감능력, 인권감수성, 공동체 의식, 가정교육의 부재, 미디어의 폭력성, 지식 중심의 입시체제, 인성교육의 상실…' 등이 낳은 부정적 결과가 아닐까?

산적한 과제가 한둘이 아니지만, 무엇보다도 시급한 문제는 공공성의 회복이다. 학생들은 순치의 대상, 통제의 대상이 아니다. 민주시민으로서 행복을 누리고 살아가야 할 당당한 권리의 주체라는 사실을 깨닫게 해야 한다. 학생들은 외모, 성, 경제력, 성적, 장애 등 어떠한 이유로도 차별을 받아서는 안 되는 존재다. 교육이 상품으로 전락해 승부가 결정 난 게임을 공정하다며 억지 논리를 펼치는 차별화된 교육은 이제 그쳐야 한다.

이기적인 인간을 길러내는 교육에서 벗어나 사회적인 존재로 양육하려면, 교육의 공공성을 회복해야 한다. 그것이 진보교육감에게 주어진 가장 시급한 과제요, 헌법이 보장하는 기회균등을 모든 학생에게 똑같이 주는 길이다. 산적한 과제를 풀어나가다 보면 시행착오도 겪을 것이고 보수 세력의 반발 또한 만만치 않을 것이다. 그러나 아무리 힘들고 어렵더라도 천사 같은 아이들에게 부끄럽지 않은 교육자의 길, 그것이 진보교육감에게 주어진 과제임을 잊지 말았으면 좋겠다.

혁신학교, 무엇을 고민해야 하나?

전국 13개 지역에서 진보교육감이 당선되면서 혁신학교가 화두다. 그렇다면 혁신학교는 일반계 학교와 어떻게 다를까? 혁신학교 운동은 서울의 서울형혁신학교, 전북의 혁신학교, 전남의 무지개학교, 광주의 빛고을혁신학교, 강원도의 행복더하기학교 등으로 명칭은 다르긴 해도 공공성, 창의성, 민주성, 역동성, 국제성 등 혁신교육의 기본가치를 실현하겠다는 새로운 유형의 공교육 모델이다. 진보교육감들이 혁신학교를 만들겠다는 공약을 내걸었으니 앞으로 경기도의 혁신학교를 모델로 하여 수많은 혁신학교가 탄생하게 될 전망이다.

혁신학교가 일종의 '대안학교 아닌가' 하고 궁금하게 생각하는 학부모들이 있다. 혁신학교가 공교육의 대안으로 세워졌으니 틀린 말은 아니다. 서울풍성중학교에서 근무하다 서울시 교육연구정보원 정책팀에서 일한 권재원 선생님은 "대안학교는 '이런 학교 어때?' 하고 손짓하는 학교지만, 혁신학교는 '이런 식으로 바꾸어야 해' 하고 제시하는 학교"라고 정의하고 있다.

혁신학교가 시대적 화두가 되었기 때문인지 진보교육감이 당선된 지역 교육청에는 비상이 걸렸다. 공청회를 열고 전문가들을 초청해 특강을 하는 등 뒤늦게 혁신학교 연수바람이 불고 있다. 이를 통해 혁신학교의 목적이 '교육 정상화의 성공적인 사례·모델 창출 및 보급, 맞춤형 교육과정 운영으로 교육만족도 제고, 교육 양극화 해소를 통한 교육복지 실현'이며 5가지 기본가치가 '공공성(사회적 역할), 창의성(교육의 내용), 민주성(운영의 원리), 역동성(교육의 방법), 국제성(인재육성의 지향)'임을 전파하고 있다.

그런데 혁신학교가 해야 할 역할에 관해 평생 들어보지도 못한 '모델학교, 중심학교, 선도학교, 거점학교' 어쩌고 하니 대체 그게 무슨 학교인지 당최 감이 잡히지 않는다. 하긴 여태껏 꼬이고 뒤틀린 교육을 제자리로 돌려놓으려 하니 헷갈리기도 하겠다. 혁신학교를 배우려는 사람들 역시 정신없기는 마찬가지다. 혁신학교에 대한 관심은 좋은 현상이지만, 자칫하다 내용이 없고 형식뿐인 기형적인 연구학교를 만들 수도 있음을 잊어선 안 될 일이다.

공교육의 정상화

학교가 그간 제대로 된 교육을 해왔다면 혁신학교가 생겼을 리 없다. 혁신학교는 파행적인 공교육을 정상화하겠다는 시도다. 한마디로 '입시학원이 된 학교를 교육하는 학교'로 되돌리자는 것이다. 또한 학교에서 실종된 민주주의를 회복하고 파행적인 교육과정을 정상화하여 운영하자는 것이다. 상품으로 전락해버린 교육을 '물과 공기'처럼 누구나 누릴 수 있도록 교육의 기회균등을 실현하겠다는 의지의 발로다. 이 때문에 경기교육청이 혁신학교를 시작하며 내건 슬로건은 '자발성·공공성·지역성·창의성을 지향하겠다'는 것이었다.

혁신학교는 딱딱한 의자에 30~40명의 학생을 하루 15시간 이상 앉혀놓고 일방적으로 주입하는 교육을 하는 학교가 아니라 교과과정 편성과 학교 운영의 자율권을 확대하고, 학생의 수업 집중도와 참여도를 높이기 위해 학급당 학생 수를 25명 이하로, 학년당 학급 수를 6개 이내로 편성해놓은 학교다. 교사들이 교육과 상담에 집중할수 있도록 교무보조 인력과 상담·사서·보건교사를 배치하고, 학생들의 쾌적한 수업 환경을 위해 연간 1억 원 안팎의 예산도 지원된다.

"일반학교는 선생님 위주로 수업을 하지만 혁신학교는 선생님이 과제를 내면 학생들이 스스로 협력해서 해결한다. 그래서 협동심과 자립심이 길러진다. 친구끼리 친해지다보니 왕따나 학교폭력이 자연히 해결된다. 흔히 혁신학교 아이들의 공부가 뒤떨어진다고 말하는데 그렇지 않다." 설악여자중학교 A 학부모의 말이다.

학부모의 표현처럼 학생들이 교육의 주체가 되면 경쟁관계의 친구사이가 협력적인 관계로 바뀌어 학교폭력이나 왕따 같은 학교 내 고질적인 문제마저 사라지게 된다. 경기도 군포의 한 초등학교의 학부모는 "아이가 학교 가는 것을 너무 좋아해요. 유치원 다닐 때만 해도 안 간다고 떼를 쓰던 아이였는데요. 아이가 스스로 재미있게 공부할 수 있는 환경을 만들어 주는 학교입니다"라는 말에서 볼 수 있듯이 혁신학교는 학생들이 좋아하는 학교가 되어야 한다.

공공성 회복

7차 교육과정 개정 후 교육부는 '교육=상품'이라는 일관된 교육관을 유지하고 있다. 인품이 아니라 시험점수로 서열을 매기는 학교는 교육부의 신자유주의가 만든 결과다. '교육=상품'이라는 프레임에서 벗어나지 못하는 한 교육 위기를 극복할 대안은 없다.

혁신학교의 기본 철학 중 하나는 공공성 회복이다. 이는 노무현 정부에서 시작한 교육의 상품화 정책이 이명박, 박근혜 정부로 이어지면서 수요와 공급이라는 경쟁논리를 따라 추진되는 신자유주의 교육 추세에 반하는 것으로, 핀란드를 비롯한 북유럽처럼 교육의 기회 균등을 실천하자는 것이다.

즉 경제력이 있는 부모의 자녀가 양질의 교육을 받고 가난한 집 아이들이 그렇지 못한 교육을 받는 현실에서 벗어나, 헌법이 보장하는 '능력에 따라 균등하게 교육받을 권리'(제31조 1항)를 누릴 수 있도록 부모의 사회적 지위나 경제력에 관계없이 동등한 교육을 제공하는 것을 말한다.

진보교육감들이 혁신학교를 운영하는 목적은 파행적인 학교를 정상적인 학교로 바꾸겠다는 의도가 숨어 있다. 다시 말하면 혁신학교를 운영하는 이유가 혁신학교로 지정받은 학교만이 아니라 전국의 모든 초·중등학교를 혁신학교로 바꾸겠다는 것이다. 오늘날 학교가 위기를 맞게 된 원인을 찾다보면 상급학교 진학을 위한 입시 위주의 교육으로 흐른 측면이 크다. '교육＝상품'이란 인식은 비대해진 사교육 시장과 선행학습이 난무하는 현실을 극복하기 어렵게 만든다. 이 때문에 학교에서 학생 모두를 만족시키는 수업을 진행하기가 점점 더 어려워지는 문제가 뒤따른다. 학교가 교육하는 곳이 아니라 입시 학원으로 전락하면서부터 인성교육이 실종되고 학교폭력 등으로 교실이 붕괴되고 있다.

교육의 공공성 회복은 근본적인 입시제도의 문제를 고칠 수 있는 대안이 될 수 있다. 교육의 기회균등이나 혁신학교를 이야기하면 하향평준화를 걱정하는 이들이 있다. 우수한 학생을 길러내지 못하면 국제경쟁력에서 뒤쳐질 수밖에 없다는 논리다. 하지만 과연 그럴까? 세계에서 학생들 간의 학업성취도 편차가 가장 낮고 OECD 주관 국제학업성취도 평가(PISA)에서 수위(首位)를 다투는 핀란드는 교육의 기회균등을 실천하는 대표적인 국가다. 핀란드 교육은 어떻게 세계의 국가들로부터 부러움의 대상이 되었을까? 혁신학교는 이런 고민에서 출발한다.

교장 왕국을 민주주의 학교로

교장 왕국이 된 학교를 교육의 구성원 모두가 함께 참여하게 함으로써 '학교의 민주주의 회복'을 이루는 것이 혁신학교가 추구하는 기본 가치다. 학교 운영에서 '교수·학습 우선, 자발성, 소통과 협력, 자율과 책임을 중시'하는 이유가 여기에서 비롯된다. 교장이 중심이 되던 방식에서 벗어나 학교 운영에 구성원 모두가 협력하고 소통하면서 책임을 나누는 학교, 이름뿐인 교사회와 학생회 그리고 학부모회를 명실상부한 민주주의 과정으로 바꿔내는 일. 이것이 바로 진보교육감들이 추진하는 혁신학교의 참된 모습이다.

차가 고장 나면 경고를 하고 말을 안 듣는다고 몽둥이질을 하며 차를 부수는 사람이 있을까? 컴퓨터가 오작동을 한다고 컴퓨터에게 화풀이를 하면 문제가 해결될까? 차나 컴퓨터가 고장이 나면 당연히 그 원인을 알아보고 손상되거나 고장 난 부분을 찾아서 수리하는 게 정상이다. 이는 《김상곤의 교육편지》에 나오는 얘기다. 지금까지 교육은 마치 고장 난 차나 컴퓨터에 화를 내듯 학교를 뒤죽박죽으로 만들어놓았다. 이런 학교의 근본적인 문제를 찾아 고치자는 게 혁신학교다.

따라서 의사결정을 하는 법적인 기구가 아니라 학교장의 지시를 전달하는 임의기구일 뿐인 교직원회, 학교 운영에 참여하는 교육의 주체가 되지 못하고 교장 중심의 학교 운영에 들러리를 설 뿐인 학부모회, 자문기구나 심의기구일 뿐인 학교운영위원회를 민주적으로 운영할 수 있는 제도적인 장치를 마련하는 일부터 고민해야 한다.

문제는 대학 서열화

서열화된 대학을 그대로 두고 교육의 기회균등을 바랄 수 있을까? 혁신학교를 추진하는 진보교육감들을 향해 보수적인 사람들이 보내는 걱정 어린 시선이다. 인위적으로 바꿔놓은 물길은 재앙을 불러온다. 특수한 목적을 위해 만든 특목고가 본연의 목적이 아닌 'SKY 입학'을 준비하는 특목고로 변질되었다. 우수한 학생을 길러내지 말자는 이야기가 아니다. 과학고, 외고, 체육고, 예술고, 마이스트고가 본래의 목적을 달성할 수 있도록 하자는 게 진보교육감들이 추진하는 '학교 살리기'다.

우수한 인재를 뽑아 고시 준비나 공무원 시험 준비나 하게 하는 학교가 아니라 학생들 각자의 소질과 특기를 살려 전공에 몰두하게 함으로써 교육을 회복하자는 게 혁신학교의 정신이다. 그런데 현실이 늘 걸림돌이다. 엄연히 SKY 대학이 존재하는데 공부 잘하는 학생과 학부모들의 기득권(?)을 어떻게 포기하라고 할 것인가?

소수의 엘리트 양성을 위해 대부분의 학생이 희생되는 교육을 방치한 채 경쟁 위주의 교육으로 가자는 것은 사회정의의 포기요 교육의 포기다. 이는 진보교육감들이 풀어내야 할 또 다른 과제인 것이다.

혁신학교가 성공하기 위한
전제 조건

혁신학교에 대한 소문이 퍼지자 너도 나도 자녀를 혁신학교에 보내겠다고 몰려드는 바람에 학교 주변으로 인구 유입이 늘어나는 기현상까지 나타나고 있다. 혁신학교가 주목받으니 자녀를 혁신학교에 보내겠다는 학부모들…. 하지만 혁신학교가 어떤 학교인지 제대로 알고 보내려는 걸까? 혁신 초등학교, 혁신 중·고등학교를 외고나 과학고 같은 명문학교라고 생각하는 분이 많겠지만, 사실 혁신학교는 그런 학교가 아니다. 혁신학교는 특별한 학교가 아니라 공교육을 정상적으로 운영하는 학교이기 때문이다.

2009년 경기도에서 김상곤 교육감이 당선되면서 시작한 혁신학교는 전국에 579개교가 운영 중에 있다. 전국 13개 지역에서 진보교육감이 당선되면서 앞으로 서울 200여 곳, 인천 40곳, 부산 30곳, 경기 1000곳, 충북 10곳, 전남 100곳 등으로 늘어나는 것 외에 광주, 강원, 세종, 대전, 경남, 제주 등지에서는 혁신교육지구로 확대 및 신설을 검토 중에 있다고 한다.

혁신학교는 과연 어떤 학교인가? 재차 강조하지만 혁신학교는 교육을 상품으로 보는 신자유주의식 경쟁교육을 배제하고 교육의 공공성을 되찾자며 시작된 학교를 말한다. 학교가 해야 할 본래의 교육, 다시 말하면 교육의 기회균등을 회복하겠다는 학교가 혁신학교다.

대학 서열화로 학교가 상급학교 진학을 위한 학원으로 변질된 현실에서는 정상적인 교육보다는 일류대학에 몇 명을 더 입학시켰는지가 중요한 판단기준이 된다. 이렇게 무너진 학교의 교육과정을 정상적으로 운영하여 모든 학생이 최대한 행복을 추구하고 최대한의 능력을 발휘하도록 교육하는 학교를 혁신학교라고 보면 틀림없다. 시험문제를 풀이해 서열을 매기고, 학생의 개성과 소질에 관계없이

국·영·수가 주요 과목이 되고 예체능 교과는 기타 과목이 되는 학교가 아닌, 교육과정을 정상적으로 운영하는 학교 말이다.

혁신학교가 기존의 초·중등학교와 다른 점이 있기는 하다. 학급당 학생수가 25명 이하이고, 매년 1억여 원의 추가 재정 지원을 받으며, 체벌이 없는 대신 자율과 책임의 원칙하에 학생자치를 할 수 있으며 친절한 생활지도를 하는 학교라는 점이 다르다. 교사들로서는 수업 시수가 적으니 수업 집중도가 높고 교육과정의 자율권이 인정되므로 체험학습과 같은 현장학습이 가능하다.

또한 전국단위 일제고사와 같은 시험문제 풀이에 중점을 두기보다는 수업 중에 과제를 수행하는 과정을 관찰하거나 쪽지시험 혹은 교과서에 기록한 다양한 정보를 통해 학생들을 평가하기 때문에 시험에서 오는 스트레스가 적다.

대학이 서열화되어 있는 현실에서 이런 교육의 근본적인 변화가 가능한 일인가 하고 의문을 제기하는 사람들의 우려를 이해한다. 공공성을 회복해 기회균등을 실현하고 민주적인 학교 운영으로 학생들이 행복한 학교로 만들겠다는 혁신학교는 과연 어떻게 성공할 수 있을까? 진보교육감들이 혁신학교 운영을 공동 공약으로 정하고 시행에 나섰지만, 혁신학교가 성공하기 위해서는 다양한 난관을 극복해야 한다. 혁신학교가 성공하기 위한 전제 조건을 한번 정리해보자.

첫째, 대학 서열화를 극복해야 한다. 공교육 파괴의 주범이 대학 서열화라고 해도 과언은 아니다. 진보교육감들 역시 대학 서열화 문제를 풀기 위해 서울대부터 제1대학, 제2대학으로 평준화해 점진적으로 바꾸겠다는 제안을 교육부에 내놓고 있지만, 교육부의 교육 상품화 정책과 충돌하기 때문에 풀기가 쉽지 않아 보인다.

둘째, 공교육을 혁신할 수 있는 교사를 양성하고 확보해야 한다. 현재 학교가 안고 있는 문제는 한두 가지가 아니다. 교장 승진제, 계급화된 관료제, 입시문제 풀이에 익숙한 수업방식 등 풀어야 할 과제가 산적해 있다. 주입식 교육에 익숙해진 교사들이 수업에서 '배움과 돌봄의 책임교육 공동체'를 만들어 학습의 의미와 성장의 기쁨을 맛보게 하는 학교를 만들기 위해서는 교사에게 사랑과 헌신, 혁신교육 마인드가 필수적이다. 교장과 교사, 교사와 학생 사이에 배려와 존중의 관계를 형성하기 위해서는 구성원의 변화 없이는 성공을 기약할 수 없다.

셋째, 학부모들의 인식 전환이 필수적이다. 교육을 경쟁의 도구로 보는 학부모들의 욕망, 이를 활용하는 정치적 계산으로 혁신학교 간판만 단다고 해서 하루아침에 혁신학교로 탈바꿈되는 것이 아니다. 공부를 잘하는 내 아이가 손해를 봐서는 안 된다고 생각하는 부모들의 그릇된 자식 사랑이 혁신을 가로막는 걸림돌이 될 수 있다. 경쟁은 큰 틀에서 보면 모두를 피해자로 만든다. 내 아이를 일류대학에 보내야 한다는 학부모들의 욕심이 사라지지 않는 한, 혁신학교의 성공을 보장하기 어렵다.

넷째, 지역사회가 함께 참여해야 한다. 교육이란 학교 울타리 안에서만 이루어지는 것이 아니다. 우리나라는 어느 지자체를 막론하고 학교 밖에서 학생들이 자유롭게 토론하며 생각을 키우고 마음 편히

쉴 교육적인 공간이 없다. 학교의 교육이 지역사회와 연계되지 않는다면 결국 한계에 봉착할 수밖에 없다. 지역사회는 학교와 연대하여 학생들의 배움과 성장이 가능하도록 도와야 한다. 이를 위해 지자체와 학부모들이 내 아이만이 아닌 모든 아이의 교육 여건을 조성하는 데 함께 나서야 한다.

그밖에도 조·중·동을 비롯한 수구언론과 교육부와 이해관계로 얽혀 있는 교총 같은 보수적인 교원단체의 발목잡기 등 수많은 과제가 진보교육감들 앞에 가로놓여 있다. 모두를 피해자로 만드는 기존의 뒤틀린 교육을 정상적인 교육을 하는 학교로 바꿔내기 위해서는 다양한 교육 주체의 뼈를 깎는 아픔과 열정이 밑받침되어야 한다. 그래야 혁신학교가 성공할 수 있다. 진보교육감들이 주도하는 교육개혁이 혁신학교를 통해 성공할 수 있기를 기대해본다.

학교 살리기의 핵심은 '마을교육공동체'다

선생님이 학생들에게 다가와 소통하겠다는데 어떤 학생이 반대할까? 학부모도 마찬가지다. 권위주의에 물들어 있던 학교가 자세를 낮추고, 교장선생님이 자상하게 학교 운영에 대해 학부모에게 설명하고 인간적으로 다가가겠다는데 어느 학부모가 싫어하겠는가? 그런데 딱 거기까지다. 진보교육감이 취임한 지 1년이 넘었지만, 밤 10시를 넘기는 보충학습과 자율학습, 전국단위 일제고사, 입시 위주의 교육, 선행학습, 고액 과외, 영어 광풍…. 과연 우리 교육의 현실이 얼마나 달라지고 있는가?

진보교육감 중에 좀 과격한(?) 교육감은 9시 등교를 밀어붙이고 교감과 교장도 수업을 해야 한다고 주장하다가 교총의 반발에 부닥쳤다. 기득권을 포기하는 게 쉬운 일이 아니기 때문이다. 경기도 지역에서는 수석교사도 수업을 해야 한다고 했다가 수석교사들이 교육감을 성토하며 시위를 벌이는 일이 생기기도 했다. 또한 문제투성이인 자사고의 인가를 취소했다가 교육부와 학부모로부터 성토의 대상이 되자 교육감이 입장을 철회하는 일도 발생했다.

우리 사회엔 학교 살리기에 관한 한 일종의 금기가 있는 듯하다. 대학 서열화 문제를 건드려선 안 된다는 것이다. SKY 대학을 지방 대학과 동격에 놓겠다는 평준화를 주장했다간 여지없이 종북 세력으로 낙인찍힌다. 한 술 더 뜨는 학부모들도 있다. 우리 아이 공부 잘하는 게 배 아프냐며 억울하면 너희도 자식에게 고액 과외시켜 일류대학에 보내 출세하게 하면 되지 않느냐는 식으로 항의한다. 일그러진 자식 사랑의 모습이긴 하지만, 그렇다고 그들의 말을 마냥 틀렸다고만 할 수는 없다. 자본주의 사회에서 경쟁을 통해 능력의 차이가 나는 것 자체를 잘못으로 볼 수는 없기 때문이다.

그보다는 더 근본적인 부분을 성찰해야 한다. 우리 교육의 첫 단추가 잘못 꿰어졌다는 점이다. 일제강점기에 친일과 반민족 행위로 돈을 벌고 특혜를 받아 교육시킨 이들의 자녀들은 해방 이후 사회의 기득권 세력으로 등장했다. 반면 황국신민화 교육을 받았던 무지렁이들의 자녀들과 독립운동을 하느라 가정을 제대로 지키지 못했던 부모들의 자녀들은 해방 이후 사회의 최하층 세력으로 전락하고 말았다.

'지조, 애국, 정의'가 밥 먹여주지 않는다는 걸 일찍 체득한 사람들은 진작 권력 편에 붙었다. 이승만 독재정권, 박정희 유신정권, 전두환 살인정권 시대로 이어지는 동안 권력에 빌붙은 이들은 자신들의 영역을 불가침의 치외법권 지대로 만들었다. 이 영역을 넘보는 자들은 여지없이 빨갱이요, 종북으로 낙인찍었다. 필요하면 남북만이 아니라 동서를 가르고, 우수생과 열등생을 가르고, 서울과 지방을 가르고, 지연과 학연으로 나누고, 혈연과 이념으로 갈라 '우리가 남이가' 하는 식으로 자신들의 견고한 성을 쌓았다. 그들에겐 옳고 그른 게 문제될 게 없다. 말이 많은 자, 시비를 가리는 자는 빨갱이일 뿐이다. 시키면 시키는 대로 하는 복종만이 살아남는 진리라는 것을 각인시키려 한다.

이처럼 공고해진 기득권 세력이 만든 성역을 깰 방법은 없을까? 경기도 이재정 교육감이 철옹성의 성벽 부수기에 나섰다. '마을교육공동체'가 그것이다. 입시 위주의 교육에서 벗어나 '학생과 지역 중심의 협력, 협동, 특성화 교육체제로서의 학교'로 거듭나기 위해서는 '지자체와 교육청, 시민사회, 주민 등이 협력하여 교육의 중심에 서는 것, 그래서 학교와 지역사회가 함께 발전하지 않으면 안 된다. 곧 마을교육공동체의 지향점이다.

사람들은 말한다. 진보교육감 13명이 일하고 있으니 우리 교육에 아직 희망이 있다고. 교육도 살리고 무너진 학교도 다시 살아나 학생들이 가고 싶은 학교, 행복한 학교가 곧 도래할 것이라고 말이다. 하지만 6·4 지방선거 이후 교육부에 의한 진보교육감 견제는 상상을 초월한다.

교육부가 교육 살리기에 앞장서서 이끌어야 하건만, 교육부는 그럴 의지도 계획도 없다. 솔직히 말해 오늘날 교육을 이 지경으로 만든 장본이 바로 교육부다. 일제강점기의 황국신민화 교육, 우민화 교육이 대한민국 정부 수립 이후에도 계속되었다. 친일파 청산을 못한 정부의 태생적인 한계는 비판의식을 마비시키는 우민화 교육으로 이어졌고, 그 뒤를 이은 유신정권은 반공이데올로기를 명분으로 삼아 유신교육을 정당화하기 위해 민주적인 인간, 비판의식을 함양한 인간을 길러내기를 거부했다. 민주정부 수립 이후에는 신자유주의 교육, 부모의 경제력이 자식으로 대물림되는 경쟁교육이 계속되고 있다. 최근 교육부는 누리과정 예산이나 학교급식비 예산까지 삭감하고 서울시가 추진하는 자사고 문제는 '직권 취소' 결정까지 내렸다.

교사들로 하여금 제대로 된 교육을 포기하게 만드는 학교의 현실도 걸림돌이다. 말로는 교육의 중립성을 말하지만, 교육 현장에서 이는 꿈같은 얘기다. 오히려 비판의식을 거세하는 통제 수단으로 교육이 전락하고 있다. 교사를 불신해 정부가 국정교과서를 추진하는 마당에 어떻게 제대로 된 인간 교육이 가능하겠는가? 교사들이 올바른 신념과 철학으로 학생들을 교육하지 못하도록 하는 학교에서 진정한 교육이 이뤄질 리 만무하다. 비록 입시라는 큰 틀을 벗어나지 못

한다는 한계는 있지만, 현재 혁신학교에서 추진되는 교육권 회복운동에서 실낱같은 희망을 기대해본다.

사교육 마피아들의 교육개혁 방해도 그냥 넘길 일이 아니다. 교육부가 발표한 2013년 기준 우리나라 사교육비 총 규모는 18조 6000억 원 규모다. 한국교육행정학회가 발행한 연구지에 따르면 박근혜 대통령 집권기가 끝나는 2017년에는 사교육비가 무려 150조 631억 원 규모에 이를 것이라고 한다. 공식적인 통계에 잡히지 않는 사교육비까지 포함한다면 현재 사교육비의 수십 배가 넘는 천문학적인 규모가 될 것이다. 공교육이 정상화된다면 사교육 마피아가 설 자리는 없다. 이 때문에 언론 마피아들과 연대한 방해공작이 끊이질 않는다. 교육이 정상화된다면 자신들이 입을 피해를 알고 있기에 온갖 논리로 학부모와 학생들을 기만하고 교육개혁을 방해하는 것이다.

권력의 시녀를 자처하는 교원단체의 방해공작 역시 교육개혁의 걸림돌이 되고 있다. 교원들의 대표적인 이익단체는 전교조와 교총이다. 그밖에도 한국교원노동조합, 자유교원조합, 대한민국교원조합 등이 있다. 그런데 전교조만 노동조합으로 등록되어 있을 뿐 그밖에는 노동조합법에 의한 노조가 아니다. 교원단체 중 최대 조직인 교총은 정부의 대변인 구실을 마다하지 않는다. 학생인권조례 반대운동을 비롯해 교육 살리기에 역행하는 데 앞장서고 있다.

경기도 교육감이 내놓은 마을학교공동체의 성공이 더 기다려지는 이유가 바로 여기에 있다.

숱한 걸림돌을 극복하고 마을교육공동체는 교육을 살릴 수 있을까? '학교의 울타리를 넘어서는 학생교육을 지향하며, 지방자치단체를 중심으로 지역의 모든 교육적 자원을 총동원하여 학생들의 인격과 지성의 성장과 함께 일생의 삶의 기반을 만들어가는 것'이 경기도가 추진하는 마을교육공동체의 기본이다. 국가가 주도한 학교교육의 장벽을 넘고, 경쟁과 수월성을 내세운 입시 중심의 교육에서 탈피하여, 지역과 주민 및 학생이 주도하는 교육자치의 정신 아래 마을교육, 자율교육과 미래교육으로 전환을 모색하는 꿈의 학교. 과연 이 창대한 꿈이 성공할 수 있을까?

마을교육공동체가 꿈꾸는 '꿈의 학교'

사람의 성격을 학교에서 몇 시간 교육하는 것으로 바꿀 수 있을까? 교육부가 학교폭력이나 어린이집 교사의 폭행을 근절하겠다고 시작한 인성교육이 그렇다. 교육의 가능성이란 유전적 요인과 환경적 요인에 대한 기본적인 이해가 전제되어야 한다. 그러나 교육부는 선천적인 요인은 물론 성장과정 혹은 경험을 통해 형성된 후천적인 요인마저 무시한 채 학교에서 몇 시간 수업하는 것으로 학생들의 인성을 바꿀 수 있다고 보고 있으니, 그 오만과 무지에 짜증이 난다.

학교폭력을 근절하겠다며 인성교육을 시작한 교육부도 문제지만,

교육을 살리겠다는 진보교육감이 시작한 혁신학교도 문제가 전혀 없는 것은 아니다. 진보교육감이 추진하고 있는 혁신학교를 보면 학교 운영을 민주적으로 하기만 하면 교육을 살릴 수 있다고 착각하는 것 같다. 물론 현재의 학교를 민주화하는 일, 학교장의 경영철학을 올곧게 세우는 일, 교사를 교육의 주체로 세우는 일, 학부모를 학교교육에 참여하게 하는 일처럼 혁신학교가 바꾸려는 학교의 모습에는 긍정적인 측면이 많긴 하다.

하지만 한 그루의 나무가 올곧게 자라려면 건강한 씨앗에 비옥한 토양, 물과 햇볕과 공기가 있어야 한다. 사람도 마찬가지다. 한 사람의 인격이 제대로 성숙하기 위해서는 학교교육만으로는 안 된다. 타고난 성품이며 성장 환경이며 경험적인 요인, 사회적인 여건 등 온갖 요소가 골고루 제공될 때 가능하다. 제대로 돌봄을 받지 못하고 차별받고 천덕꾸러기로 자란 아이가 건강한 인격자로 자라기를 기대한다는 것은 욕심이다.

페이스북 친구에게 마을교육공동체에 관해 얘기했더니 서울에는 마을이 없다고 답해서 웃었던 일이 있다. 아직 완성된 모습을 드러내지는 않았지만, 경기도교육청이 추진하는 '마을교육공동체'란 이재정 교육감이 꿈꾸는 꿈의 학교다. 마을교육공동체를 통해 학교교육의 패러다임을 바꾸기 위해서는 교육자치와 행정자치의 협력을 바탕으로 학교, 지자체, 교육청, 시민사회, 주민 등이 협력·지원·연대하여 교육을 중심으로 학교와 지역사회가 함께 발전해야 한다. 이를 위해 경기도교육청과 경기도청, 교육지원청과 기초지방자치단체, 지

역사회는 재정·인력·자원을 긴밀하게 연결하면서 지역의 교육 자원을 발굴하고 교육 협력·협동체계를 구축하는 조례를 제정해 마을교육공동체기획단을 운영하고 있다.

마을교육공동체기획단은 단장과 부단장을 두고 3개 팀을 구성하여 운영한다. 꿈의 학교 추진팀, 교육공동체지원팀(협동조합담당, 교육자원봉사센터담당), 학부모지원팀이 그것이다. '꿈의 학교'는 설치운영 주체에 따라 지역의 대학, 기관과 단체, 사회적기업 등 지역 기업체 그리고 교육이 가능한 전문 인사를 중심으로 쉼표학교, 계절학교, 방과후 학교 형태로 설치·운영하되, 기존에 시행하던 방과후 학교를 넘어 문화·예술·체육, 사회참여, 학술연구 등 다양한 프로그램을 운영한다.

마을교육공동체의 기반이 되는 '경기교육협동조합'은 학교와 학생 생활에 필요한 매점 운영, 교복 공동구매 또는 친환경 급식자재 구매와 공급 등을 포함하여 학교버스 운영을 위한 사회적기업으로서, 학교 및 지역의 사회적 협의과정을 거쳐 교육지원청 산하에 설치되어 있다. 조합원은 지역의 학교와 관련된 학부모, 교사 또는 지역사회 인사와 졸업생을 중심으로 '자율적' 운영을 원칙으로 구성·운영한다. '경기교육자원봉사센터'를 25개 교육지원청에 설치해 학교교육 및 학생지원을 위해 퇴임 교사나 교직원은 물론 지역의 다양한 인재를 영입하여 운영하고 있다.

혁신학교에서 추진되는 다양한 변화를 기존 교육의 문제를 해결하겠다는 의지로 읽을 수도 있지만, 개혁의 핵심은 사람이어야 한다. 학생과, 교사, 학부모가 함께 변하지 않는 개혁은 성공을 보장하기 어렵다. 시합 전에 승패가 가려진 경쟁은 공정한 경쟁이 아니다. 치맛바람으로 표현되는 학부모들의 왜곡된 경쟁을 두고서는 그 어떤 개혁도 허사다. 모두를 피해자로 만드는 교육을 바꾸기 위해 학부모 역시 개혁의 주체로 나서야 한다. 경기도가 추진하는 마을교육공동체가 교육을 살리고 학부모와 교사들에게 희망을 주는 대안이기를 기대해 본다.

사교육 대책으로서 방과후 학교, 약인가 독인가?

17개 시·도 중에서 13개 지역에서 당선된 진보교육감들은 교육개혁을 위해 무슨 일을 하고 있을까? 학교 현장의 온갖 문제가 얽히고설켜 있으니 현황 파악이 쉽지 않을 뿐 아니라 개혁을 반대하는 세력의 의도적인 발목잡기로 힘든 일도 많을 것이다. 진보교육감을 뽑은 이들로서야 진보교육감들이 당선되어 일하기만 하면 학교가 금방 달라질 것으로 기대했겠지만, 현실이 그렇게 간단하지만은 않은 것 같다.

9시 등교 문제나 자사고 존폐 문제를 놓고 신경전을 벌이고 있는 모습을 보면 교육개혁이 얼마나 어려운 일인가를 실감하게 된다. 바뀌기는 바뀌어야 할 텐데, 별 탈 없이 학교가 조용하다는 정도로 만족해야 할까? 진보교육감들이 혁신학교 준비와 추진에 시간을 온통 다 뺏기고 있는 것은 아닐까? 아니면 교사들이 교육다운 교육을 제대로 할 수 있도록 하기 위한 준비로 시간을 보내고 있을까?

"현재 학교교육을 왜곡하고 있는 가장 심각한 문제는 방과후 학교라고 생각합니다. 방과후 학교는 사교육 대책의 일환으로 도입한 것이지만 사교육 문제를 해결하기는커녕 학교교육을 심각하게 왜곡하고 있는 주범입니다. 방과후 학교가 학교평가항목에 들어가 많은 교사가 정규수업 외에 방과후 수업을 해야 합니다. 교사의 노동 강도는 말할 수 없이 세지고 정규수업의 질은 떨어질 수밖에 없습니다.

게다가 실적을 위해 반강제적으로 아이들의 방과후 수업을 유도하는 경우가 적지 않아 방과후 수업 출석률이 떨어지고 아이들을 억지로 불러 오는 일까지 해야 합니다. 아이들은 아이들대로 수업이 끝나고 또 똑같은 수업을 받아야 하는 부담으로 고통 받고 있습니다. 방과후 학교는 학생을 죽이고, 교사를 죽이고, 학교교육을 죽이고 있습니다."

곽노현 전 서울시교육감의 《징검다리 교육감》에 나오는 방과후 학교의 문제점이다. 방과후 학교가 무엇이기에 현장에 근무하는 교사들까지 하소연할까? 방과후 학교란 '사교육을 학교 안에 끌어들여 사교육비용 부담을 줄이겠다고 2006년부터 도입된 제도'다. 교육부가 2013년 말에 발표한 자료를 보면 우리나라 전체 학교 1만 1312개교의 99.9퍼센트인 1만 1307개교가 방과후 학교를 운영하고 있으며 전체 학생 698만 6853명의 65.2퍼센트인 455만 8656명이 방과후 학교에 참여하고 있음을 알 수 있다.

프로그램 내용을 보면 현장의 교사가 지적한 대로 전체적으로 수학 관련 강좌가 가장 활발히 운영되며, 다음으로 영어·국어 순서로 강좌 수가 많다는 사실을 알 수 있다. 초등학교는 수학＞영어＞컴퓨터＞음악… 순이고, 중학교의 경우 영어＞수학＞국어＞과학… 순이며, 고등학교는 영어＞수학＞국어＞사회… 순이다. 초등학교까지 문화·예술·체육이 아닌 지식교과에 집중되고 있어 방과후 학교가 입시교육의 일환으로 바뀌었음을 확인할 수 있다.

이러한 현실을 두고 교육부나 교육개발원은 '학교교육을 공급자 중심에서 수요자 중심으로 전환하는 계기를 마련'하고 사교육비를 경감하였을 뿐만 아니라 계층·지역 간 교육격차를 해소하였다'고 자화자찬하고 있다. 학교평가를 잘 받기 위하여 학생들의 참가율을 높이고 교사들에게 수업 부담을 늘려 수업의 질을 낮추며 상급학교 입시준비 교육으로 전락한 방과후 학교를 두고 '사교육비 경감과 교육격차해소 그리고 돌봄 기능 확대, 거기다 지역사회학교를 실현'했다고 자화자찬 하는 모습을 보노라니 웃음이 나온다.

아이들은 지금 비뚤어진 교육 때문에 기형적인 모습으로 자라고 있다. 놀이를 통한 협동과 배려, 상호존중, 인내심과 같은 기본적인 삶의 문화를 배우지 못하고 학교에서 정규교과가 끝나기 바쁘게 방과후 학교를 거쳐 학원으로 다람쥐 쳇바퀴 돌 듯 내닫고 있다. 방과후 학교가 도입 목적을 달성하기 위해서는 학생들의 감성적, 인성적, 신체적 경험을 풍부히 하는 문화·예술·체육·교양을 중심으로 편성되어야 한다. 이와 함께 방과후 학교 강사의 인력풀을 교육청에서 마련하여 학교에 지원하는 체계를 갖춰야 한다. 무자격 강사 채용, 사교육 시장의 학교 유입, 교사들의 업무 과중 등의 문제를 방치한 채 방과후 학교의 정책적 목표를 달성하기란 어렵다.

의무교육 기간인 초·중학교에서 방과후 학교의 수강비를 학생들에게 부담하게 하는 것은 의무교육법 위반이다. 방과후 학교 교육활동은 무상으로 이뤄져야 하고 학생들의 선택권이 보장되어야 한다. 막대한 정부 지원으로 추진되고 있는 방과후 학교 활동이 성공하려면 부적격 강사 문제나 잇속 챙기기 운영과 같은 문제를 하루 속히 해결해야 한다. 실적 부풀리기에 눈이 어두워 방과후 활동을 학교생활기록부에 기재하고 학교평가에도 반영하는 조치를 두고 어떻게 학교교육이 정상화되기를 바랄 것인가?

"수석교사들도 수업하라"

"교사라면 언제라도 수업할 준비가 돼 있어야 한다."

이재정 경기도교육감이 지난해 12월 25일 신년을 앞두고 《연합뉴스》와 가진 인터뷰에서 한 말이다. 또한 그는 1월 17일 '교장·교감도 수업해야 한다'는 방침을 발표해 교장들의 반발을 샀다. 교총을 비롯한 보수적인 교장들이 교육감의 수업방침에 반발하는 가운데 수석교사들도 수업해야 한다는 주장에 대해 한국유초중등수석교사회는 교육감을 상대로 효력정지 가처분신청과 행정소송을 제기하는 등 법적 절차를 밟기도 했다.

이재정 교육감은 신년을 앞둔 인터뷰를 통해 수석교사제란 "처음 만들 때부터 이상한 제도로 위헌요소가 있다"고 보고 "교실에 들어가지 않는 교사는 교사가 아니다"라면서 2015년부터 교장과 교감을 포함한 모든 교사가 수업을 하게 하겠다는 의지를 밝혔다. 지금까지 수석교사들이 적게 하던 수업은 정원 외로 뽑은 기간제 교사가 메워왔지만, 수석교사들이 수업을 하면 평교사의 절반인 수석교사의 수업시수가 늘어날 것으로 보인다.

내가 첫 발령을 받은 1969년의 일이다. 교무실 입구에 있는 교사들의 신발장은 교장, 교감, 주임교사, 교사 순으로 배치되어 있었다. 교사들 신발도 호봉 순으로 차례대로 배치되어 있어, 신임교사는 제일 아래쪽에 신발을 두도록 되어 있었다. 교무실 좌석도 호봉 순으로 배치되어 있었다. 몇 년 전까지만 해도 교육법 제75조 "교사는 교장의 명에 따라 학생을 교육한다"는 조항에 따라 학교가 군대를 방불케 하는 교장 왕국이던 시절이 있었다. 많은 교사가 아직도 승진 병에서 깨어나지 못하는 이유도 교사들의 하늘인 교장이 되겠다는 욕망에 사로잡혀 있기 때문이다.

북한군도 겁낸다는 중2 교실에 들어가 수업을 한다는 게 쉬운 일이 아니다. 더구나 지금은 학부모들에게 평가를 받는 공개수업에 대한 부담과 공문 처리를 하러 학교에 가는지 학생을 가르치러 가는지 모르겠다는 푸념까지 나오게 하는 학교에서 교사들의 일상은 하루하루가 전쟁이다. 날이 갈수록 수업을 하기 힘든 교실. 이 전쟁에서 벗어나는 길(?)이 승진에 있다는 걸 영특한 교사들이 모를 리 없다. 수석교사들이 적게 하는 수업의 부담까지 떠안아야 하는 교사들에게 어떻게 질 높은 수업을 기대할 수 있겠는가?

승진점수 때문에 연수를 놓치지 않으려고 한두 달씩 교실을 비우고, 50대 후반의 원로 교사가 교감 승진을 앞두고 1점이라도 더 얻기 위해 섬으로 벽지로 떠도는 풍경은 어제오늘의 얘기가 아니다. 점수를 얻기 위해 교장에게 종속되어 금품을 바치는 일부 교사의 부끄러운 행동은 공공연한 비밀이다. 이런 부끄러운 관행은 세계에서 일본과 우리나라뿐이다.

경험이 많고 연륜이 쌓인 교장선생님이나 교감선생님은 왜 아들 같고, 손자 같은 제자들에게 삶의 지혜를 전해주기를 기피하는 것일까? 가르치는 일에 전념하면서 자신의 교수 기술을 확산하는 업무를 맡은 수석교사라면 솔선수범해 더 많은 수업을 교사들에게 공개하는 것으로 모범을 보여야 할 텐데, 수업을 하라는 경기도교육감의 방침에 펄펄 뛰며 법적대응까지 하겠다는 것인지 당최 그 이유를 알 수 없다.

민주주의를 가르치는 학교에는 참 이상한 계급제도가 존재한다. 장학관을 비롯한 교육 전문직과 교장, 교감, 장학사, 수석교사, 부장교사, 평교사로 이어지는 학교는 아직도 계급사회를 벗어나지 못하고 있다. 유능한 교사는 아이들을 가르치는 일을 기피하고 승진이라는 이름의 사다리를 타고 교장이나 장학사, 교감이 되면 수업을 하지 않을 뿐 아니라 높은 자리에 군림하며 대접까지 받는다.

이런 현실에서 '교실에 들어가지 않는 교사는 교사가 아니다'는 이재정 경기도교육감의 소신은 너무나 상식적이고 당연한 이야기다. 기득권을 누리는 교장, 교감, 수석교사도 할 말이 있을지 모르겠다. 억울하면 당신도 승진하고 출세하라는 식으로…. 그렇지만 사랑하는 아이들 곁에서 가르치고 싶어 하는 교사들은 교장이나 교감 자격증보다 더 소중한 가치와 보람을 느끼고 산다는 것을, 기득권을 추구하는 이들이 과연 알기나 할까?

'교육 쇼' 하는 학교, 부끄럽지 않은가?

시범학교, 연구수업, 연구발표대회, 자료전시회, 공개수업, 현장연구 논문 발표….

교사들은 이런 행사를 일컬어 '교육 쇼'라고들 한다. 그런 비판을 하는 이유는 해마다 수많은 행사를 벌이지만 학교에서 달라지는 게 없기 때문이다. 그런데도 왜 이런 일이 반복되고 있을까?

교사들 중에는 이런 행사를 좋아 하는 사람도 있다. 승진을 위해 점수가 필요한 사람들이다. 주객전도라고 해야 할까? 교육의 질 향상과 교원의 자질 향상을 위해 시작한 연수나 연구가 승진을 위한 점수 따기로 전락해 '교육 쇼'라는 평가를 받고 있다니….

　엄청난 예산과 교사들의 수고와 노력이 투여된 행사가 교육을 살리고 교원의 자질 향상에 도움이 되지 못한다면 이를 계속해야 할 이유가 있을까? 아래 글은 내가 2002년 11월 17일《경남도민일보》에 기고했던 글이다. 10년도 더 지난 지금 현실이 얼마나 달라졌는지 비교하는 의미에서 살펴보기 바란다.

공개수업 잔치로 날밤 새우는 학교

　전국의 1만 300여 개 학교의 22%의 학교가 '보여주기식 공개수업'으로 날밤을 새우고 있다. 시도교육청 소속 지역교육청별 연구학교까지 포함한다면 3천여 개의 학교가 교육과정은 뒷전이고 보여주기 위한 공개수업으로 시간을 보내고 있다. 교육부는 지난 7일 "2002학년도 교육부와 타 기관 과제수행 연구학교 574개를 포함, 16개 시도교육청 지정 연구 시범학교는 모두 2259개며, 이 연구학교는 한 해 한두 차례 공개 보고회를 열고 있다."고 밝혔다.

　공개수업을 위해서는 대통령령으로 규정된 정규 수업을 제대로 할 수가 없다. 연구시범학교에 근무하는 교사들은 공개수업과 연구보고회를 준비하느라 수업을 제대로 못 한다. 뿐만 아니라 연구시범학교가 아닌 학교에 근무하는 교사들은 하루에 2~7명씩 주변학교 연구 보고회에 참석하느라 학생들을 자습시키는 일도 다반사다.

　일반화시키지 못하는 연구학교나 시범학교는 한결같이 보여주기식 실적

위주 활동이며 행정력 낭비라는 비탄을 받고 있다. 이러한 형식적이고 연례 행사에 불과한 시범학교, 연구학교가 계속되는 배경에는 '승진을 위한 점수 따기'가 도사리고 있기 때문이다.

이제 더 이상 국민을 기만하고 학생들을 희생하는 공개수업은 중단해야 한다. 교감이나 교장 승진을 위한 점수 따기로 전락한 연례행사를 반복해 교사들의 수업권과 학생들의 학습권을 침해해서는 안 된다. 국민의 세금을 낭비하고 효과도 없는 교육 쇼를 반복하는 것은 또 다른 교육 위기를 앞당기는 전시성 행사라는 걸 교육당국은 정말 모르고 있는 것일까?

인권교육 못하게 하는 정부, 그 이유가 궁금하다

2013년 7월 전북도의회가 '체벌을 금지하고 복장과 두발의 개성을 존중하며 소지품 검사를 최소화하고 야간 자율학습이나 보충수업을 강요하지 못한다'는 내용을 담은 전북학생인권조례를 의결했다. 전북교육감이 교육부의 요구를 거부하고 조례를 공포하자 교육부는 대법원에 위 조항이 상위법 위반이라며 무효확인 소송을 냈다. 대법원 2부(주심 이상훈 대법관)는 교육부 장관이 전라북도의회를 상대로 낸 학생인권조례 무효확인 청구소송에서 조례의 효력이 유효하다며 원고패소 판결을 내렸다. 우여곡절 끝에 전북교육청은 학생인권조례안의 법적 효력이 유효하다는 판결을 받아

인권교육을 시행할 수 있게 됐지만, 교육부의 처사를 이해할 수 없다는 각계의 비난이 쏟아졌다. 학생들의 인권 향상에 앞장서야 할 교육부가 인권교육을 못하게 소송까지 하는 현실을 어떻게 봐야 할까?

오죽했으면 재판부가 "인권조례는 헌법과 관련 법령에 따라 인정되는 학생의 권리를 확인하거나 구체화하고, 그에 필요한 조치를 권고하고 있는데 불과해 교사나 학생의 권리를 새롭게 제한하는 것으로 볼 수 없다"며 "인권조례의 구체적인 내용이 법령에 어긋나지 않는다"는 판단까지 했을까?

— 2015년 7월부터 전국의 초·중·고등학교에서 인성교육을 의무적으로 실시한다.

— 인성교육 교과목 수업시간이 법으로 정해지고 학교는 총 예산의 일정 비율을 인성교육에 써야 한다.

— 교육감은 기본계획에 따라 자체 세부계획을 세우고, 학교장은 매년 학기 초 인성교육 계획을 교육감에게 보고한 뒤 이를 연말에 평가받도록 한다.

— 교사들은 인성교육 연수를 의무화해서 관련 연수를 강화하고, 교원 양성 기관에서는 인성교육 필수과목을 개선한 뒤 임용시험에서 검증을 강화하도록 한다.

— 가장 혁신적인 점은 미국처럼 인성교육 예산을 정부정책과 예산으로 뒷받침되도록 의무화

2014년 12월 29일 국회 여야 102명이 공동 발의해 199명 전원 일

치로 통과시킨 인성교육진흥법의 주요골자다. 이 법은 지난 7월 24일부터 시행되었다. 이로써 국가와 지방자치단체, 학교에 인성교육 의무가 주어지게 되었다. 인성교육진흥법은 '인간으로서의 존엄과 가치를 보장'하며, '올바른 국민 육성'을 통한 '국가사회의 발전'을 목적으로 인성을 함양한 학생을 길러내겠다는 취지를 담고 있다. 교육부에 묻고 싶다. 인권 없는 인성교육이 가능한가를. 학교폭력이 난무하자 인성교육법까지 만들면서 정작 학생인권조례에는 반대하는 교육부의 행태를 대체 어떻게 설명할 수 있는가? 교육부의 인권시계는 몇 시인가?

학생인권조례는 '차별받지 않을 권리, 폭력으로부터 자유로울 권리, 정규교과 이외의 교육활동의 자유, 두발, 복장 자유화 등 개성을 실현할 권리, 소지품 검사 금지, 휴대폰 사용 자유 등 사생활의 자유 보장, 양심·종교의 자유 보장, 집회의 자유 및 학생 표현의 자유 보장, 소수 학생의 권리 보장, 학생인권옹호관, 학생인권교육센터 설치 등 학생인권침해 구제'와 같은 인간으로서 누려야 할 기본적인 권리를 명시하고 있다.

학생인권이야말로 인성교육의 핵심이요, 민주시민으로서 누려야 할 기본권이다. 진보교육감이 학생들의 인권 부재가 학교폭력을 유발한다며 낸 학생인권조례가 우여곡절 끝에 시·도의회를 통과했는데 이를 시행하지 못하게 제의를 요구했던 교육부를 도무지 이해할 수 없다. 학생인권조례는 모든 학교 학생들이 누릴 수 있도록 정부가 주도해야 할 일이다. 하지만 현재 학생인권조례가 통과, 시행되고 있는 시·도는 2010년 경기도를 시작으로 서울과 광주, 전북 등 네 곳에 불과하다.

학생이라는 이유로 인권조차 인정받지 못한 아이들이 성인이 된 후 어떻게 민주시민으로서 권리를 제대로 행사할 수 있는가? 오늘 날 학교가 이 지경이 된 것은 전적으로 교육부의 책임이다. 학교폭력 이 얼마나 심각했으면 정부가 학교폭력과의 전쟁까지 선포하고 '학 교폭력 예방 및 대책에 관한 법률'까지 제정해야 했을까? 학교에 정 상적인 교육이 없고 상급학교 진학을 위한 입시학원으로 전락시킨 책임이 누구에게 있는가? 교육부는 현재 인권교육조례가 시행되는 시·도 외에도 전국의 모든 학교가 인권교육을 제대로 할 수 있도록 앞장서야 할 것이다. 인권교육 없는 학교에서 인성교육이 가능할 리 만무하기 때문이다.

지식만 전달하는 사람을 교사라고 할 수 있을까?

돌이켜 보면 아쉬움이 남는다. 덧셈, 뺄셈이나 구구단도 그렇고 중·고등학교에 들어가 달달 외우기만 했던 국사나 졸업 후 한 번도 생활에 이용할 일이 없었던 함수며 기하와 물리, 화 학 그리고 수많은 공식과 이론들···. 나는 선생님들로부터 전달받은 지식을 습득하느라 학창시절을 다 보냈다. 수많은 선생님 중 왜 단한 사람이라도 삶의 안내자가 되어주는 분이 없었을까? 학교에서는 교과서 진도만 나갔을 뿐, 어떤 선생님에게도 진로와 관련된 지도나 상담을 받아본 일이 없다.

삶을 안내해주지 않는 사람. 그러면서도 자신의 전공 분야에 대해 오만하리만큼 자부심과 긍지를 가지고 제자들에게 지식을 전달해주는 사람. 어떻게든지 더 많은 지식을 전달해 암기하게 하는 것으로 교사의 책무를 다했다고 굳게 믿고 있는 사람들. 교과서라는 틀에서 한 치도 벗어나지 못하는 폐쇄적인 사고에 얽매인 교사가 어떻게 하루가 다르게 변화하는 세상을 살아갈 아이들의 삶을 안내할 수 있을까?

진보적인 학자나 교사들 중에는 교과서가 없어져야 한다고 주장하는 사람들이 있다. 실제로 유럽 교육선진국을 보면 교과서가 없는 나라가 많다. 교과서를 금과옥조로 생각하는 교사 혹은 교과서를 국정화해야 한다고 주장하는 사람들로서는 이런 주장이 경기(驚氣)를 일으킬 얘기일 수도 있겠다. 하지만 생각해보자. 과연 교과서가 정말 꼭 필요한 것일까?

예전엔 교사가 수업시간에 교과서 외에 스스로 만든 교재를 가지고 수업하는 것을 금지하던 때가 있었다. 지금은 학교운영위원회를 통과하면 부교재로 수업에 사용할 수 있지만, 전교조가 출범하던 시기, 전교조 교사 중에는 자신이 만든 교재로 수업하다 징계를 당한 사례도 있었다. 하지만 조금만 생각해보면 교사로 하여금 국가가 정한 교과서만을 사용하게 하는 논리가 얼마나 말이 안 되는지 알 수 있다.

지식 전달이라는 측면으로만 볼 때 첨단 장비를 동원한 동영상은 무척 효과적이다. 실제로 정부가 사교육비를 절감하겠다고 시작한 EBS 방송은 학생들에게 인기다. 전국에서 내로라하는 유명한 입시 전문 강사를 불러 족집게 과외를 해주는 것인데 어떤 학생이 싫어하겠는가? 시험문제 풀이나 지식만 전달할 바에는 이런 식으로 효율을 극대화할 수 있을 것이다.

그런데 왜 우리는 비싼 인건비를 들여 교사를 채용해 가르치게 하는 걸까? 교육은 지식을 전달하는 데에서 끝나는 게 아니기 때문이다. 선생님의 자애로운 웃음이, 수업 전에 들려준 몇 마디의 훈화가 제자들에게 평생 잊지 못할 강렬한 인상을 남기기도 한다. 힘들고 어려울 때 선생님이 해주는 격려의 말 한마디로 아이들이 좌절감에서 벗어나기도 한다. 유럽 교육선진국의 경우 자연이 교과서가 되기도 하고 친구의 경험담이나 대화가 교과서 역할을 훌륭히 대신하고 있다고 한다. 그런데 왜 우리는 교과서여야 하는가? 최근엔 정부와 여당이 역사 교과서 국정화를 추진해 논란이 일고 있는 형국이다.

우리나라 학제를 보면 나이를 기준으로 적령기가 되면 초등학교에 입학해 특별한 사연이 없는 한 중학교, 고등학교, 대학 등으로 진학한다. 개인의 소질이나 취미, 특기, 장래희망 따위를 전혀 고려하지 않는다. 학생의 건강 상태가 좋든 나쁘든 가정 문제나 이성 문제로 고민을 하고 있거나 말거나 학교는 시간표대로 진도를 나간다. 학생들은 시험을 치르면 등수가 매겨지고, 더 나은 등수를 위해 보충수업과 자율학습을 마친 뒤 학원을 전전하며 나날을 보낸다.

30여 명의 학생이 똑같은 교실에서 똑같은 교복을 입은 채, 장차 노동자가 될 사람이나 의사가 될 사람이나 예술가가 될 사람이나 장사를 할 사람… 등의 가능성에 상관없이 미적분에 영어문법에 회화에 듣기 시험에 시달리며 세월을 보내고 있다. 정작 아이들이 살아갈 세상에서 궁금한 문제, 알고 싶은 것은 왜 학교에서는 가르쳐주지 않을까? 노동자로 살아갈 제자들에게 근로기준법 한번 제대로 가르치지 않고, 평생을 세입자로 살아야 할 학생들에게 확정일자 발급받는 방법조차 알려주지 않는다.

정치인, 종교인, 교사, 신문기자 등 다양한 모습으로 살아갈 학생들에게 선택의 여지없이 똑같은 것만 가르치는 교육이 과연 제대로 된 가르침인가? 교과서가 없더라도 아이들이 배우고 싶은 것을 국어 선생님, 영어 선생님, 사회 선생님, 미술 선생님, 음악 선생님 등이 함께 머리를 맞대고 토론하며 고민해 가르치면 안 되는 걸까? 선생님들은 국정교과서로 정해진 대로만 가르치고, 아이들은 교과서 수준에서만 세상을 살아간다면, 어느 누군들 행복한 삶을 살 수 있겠는가?

2부

'비정상을 정상화' 하는
교육에서 벗어나기

오늘날 무한경쟁을 가속화하는 자본주의는 비판의식이나

정치의식이 거세된 사람을 원한다. 돌아보면 엄혹했던 시절,

학교가 근면, 정직, 성실한 사람을 추어올리던 이유도 알고 보면

자본의 논리와 무관하지 않다.

정치의식이나 민주의식이 없는 학생이 어떻게 사회로 나가 주권을

제대로 행사하며 민주시민으로 당당하게 살아갈 수 있겠는가?

17배 차이 나는 경기,
과연 공정할까?

통계청이 내놓은 2014년 3분기 가계동향지수를 분석한 결과 소득 1분위(저소득)의 월평균 사교육비는 2만 2200원, 소득 10분위(고소득)는 36만 8700원으로 계층 간 사교육비 격차가 약 16.6배에 달했다.

스포츠에서 16.6배 차이가 난다면 제대로 된 경기를 할 수 있을까? 시합 전에 승부가 이미 결정된 게임을 공정하다고 여길 바보는 없을 것이다. 하지만 교육은 어떤가? 한 달에 2만 2200원을 지출하는 집 아이와 36만 8700원을 지출하는 집 아이를 성적만으로 서열을 매기는 경기가 이뤄지고 있다. 가난한 집 아이들이 부잣집 아이들과의 경쟁에서 들러리가 되고 있는 셈이다.

앞서 말한 통계치는 사교육을 받지 않는 학생까지 포함하고 있으며 '소비자 물가지수(전년 대비 1.3%)'가 아닌, '사교육 관련 물가지수(2.6%)'라는 이례적인 기준을 적용한 결과다. 영유아 사교육비, 방과 후 학교 수강비, EBS 교육비, 어학연수비 등은 이번 사교육비 계산에서 제외되었다. '사교육비걱정없는세상'이 발표한 자료에 따르면 2013년 3분기에 소득 1분위와 10분위 간 사교육비 지출 격차가 34만 7000원이었으니, 1년 만에 1만 5000원의 격차가 벌어져 교육 양극화 현상이 더욱 심화되고 있음을 알 수 있다.

서울을 비롯한 주요 7개 지역의 초등학생 학부모 3000명을 대상으로 '초등학생 사교육 실태와 지출비용'을 조사하여 한국소비자원이 지난 2월 24일 밝힌 결과를 보면, 사교육 횟수가 '주 1~2회'는 18.5퍼센트, '주 3~4회'는 37.9퍼센트, '주 5~6회'는 33.6퍼센트였다. '매일' 사교육을 받는 경우도 10퍼센트나 되었다. 이 조사에서 초등학교 저학년(1~3학년)은 약 32만 원, 고학년(4~6학년)은 약 43만 원의 사교육비를 지출하고 있어, 초등학생 학부모가 자녀 1인당 사교육비로 한 달 평균 37만 원 정도를 지출하는 것으로 나타났다. 또한 조사대상자의 74퍼센트가 월 가계소득의 10퍼센트 이상을 사교육비로 지출하고 있어 62.7퍼센트가 부담을 느끼고 있는 것으로 나타났다.

경제적 지출 부담만 문제가 되는 게 아니다. 한창 뛰놀고 성장해야 할 아이들의 하루 평균 자유시간이 '2~3시간 이내'에 불과해 건강 차원에서도 심각한 문제점이 드러나고 있는 실정이다.

1. 학생들의 타고난 소질과 끼를 살리는 교육으로 변화

2. 교사업무부담 경감과 교원확충을 위한 교무행정지원인력확보

3. 대입부담의 대폭감소와 대입혼란방지

4. 교육비 부담감소

5. 대학의 다양화, 특성화를 지원하고 취업지원시스템 대폭확대

6. 학벌사회파타로 능력중심사회구현

7. 직업교육강화로 산업별 전문 인재양성

8. 100세시대 대비 평생학습체제 구축

　이는 박근혜 대통령의 교육공약이었다. 교육비 부담을 줄이고 꿈과 끼를 살리는 교육을 하겠다던 약속이 지켜지기는커녕 집권 3년차에 들어 사교육비가 심각하게 늘어나고 있는 실정이다. 선행학습 금지법을 만들고 사교육비를 줄이겠다며 야단법석을 떨었지만 변한게 없다. 교육부가 통계청과 공동으로 지난 2월에 발표한 '2014년 사교육비·의식 조사' 결과를 보면 2014년 사교육비 총규모는 약 18조2000억 원으로 전년(약 18조 6000억 원)대비 2.0퍼센트 감소했지만, 이는 전체 초·중·고 학생 수의 감소율 3.0퍼센트(19만 6000명)에 미치지 못하므로 실질적으로 사교육비 규모가 줄었다고 평가하기는 어렵다.

　학교폭력을 비롯해 사교육비 문제를 해결하겠다고 내놓은 대책이 하나같이 효과를 내지 못하는 이유는 문제의 원인을 두고 아랫돌 빼 윗돌 괴는 처방 때문이다. 대학 서열화를 내버려둔 사교육 대책으로 어떻게 사교육비를 줄이고 선행학습을 근절할 수 있겠는가? 고등학교가 국제고, 특목고, 자사고, 일반계고, 특성화고 등으로 서열화된 것은 결코 우연이 아니다. 특수목적을 위해 설립된 학교에서조차 우수한 학생을 뽑아 일류대학에 합격시키는 입시교육을 하고 있으니 어찌 사교육비가 줄어들겠는가? 1인당 월평균 명목 사교육비 어쩌

고 하는 말장난은 이제 지겹다. 대학 서열화 문제부터 해결하고 학교를 교육하는 곳으로 바꾸기 바란다. 교육부가 말장난하는 곳은 아니지 않은가?

학교 밖 아이들,
대안학교로 해결할 수 있을까?

"문제아를 위해 그렇게 많은 예산을 투입한다는 건 국가 예산의 낭비입니다."

"공립대안학교를 만든다는 건 교육 실패를 자인하는 것이 아닙니까?"

이러한 비판을 딛고 우여곡절 끝에 탄생한 기숙형 공립대안학교가 인기다. 태봉고등학교의 경우 경쟁률이 3 대 1을 넘었다. 이곳을 벤치마킹하겠다고 전국의 시·도 교육청에서 찾아오는 손님들의 발길이 끊이지 않고 있다.

학생들과 학부모들은 왜 대안학교를 선호하는가? 태봉고등학교를 개교하고 난 후 중3 담임선생님들조차도 의문의 눈으로 지켜보던 때가 있었다.

"저 학교는 문제아들이 가는 곳이 아닌가?"

"내 제자를, 내 자식을 왜 문제아들이 가는 곳에 보내 낙인을 찍어야 하는가?"

그런 걱정이 앞섰기 때문이다. 그러나 소문이 꼬리를 물고 번지면서 지금은 태봉고등학교를 문제아들이 가는 곳이라고 단정하는 사람은 별로 없다.

사람들의 인식이란 참 무섭다. '문제아'라는 선입견부터가 그렇다. 대체 문제아란 어떤 학생을 말하는가? 공부가 싫어 수업을 거부하거나 학교를 기피하는 학생? 학교폭력에 연루된 전과(?)가 있는 학생? 공부를 못하고 반항하거나 결석이 잦은 학생? 정확하게 말해 문제행동은 있어도 문제아란 없다. 국·영·수 문제풀이로 나날을 보내는 학교에서 실패를 자주 경험하다 보니 공부(정확하게 표현하면 문제풀이)가 싫어져 포기한 학생, 화가가 되고 싶은 꿈을 키우고자 문제풀이를 반복하는 학교를 다니지 않겠다는 학생… 등을 학교는 문제아로 낙인찍는다. 이는 또 다른 의미의 학교폭력이 아닐까?

공립대안학교를 정확하게 표현하면 초·중등교육법 제91조 1항의 '특성화학교'다. 기존 실업계 학교의 단점을 보완하고 폭넓은 분야의 인재를 양성하기 위해 전문교육을 시행하는 학교다. 태봉고등학교를 설립하게 된 이유 또한 기존의 학교가 교육다운 교육을 못 하고 있어 제대로 된 교육을 하는 학교를 만들어보자는 뜻이었다. 또한 교육을 해야 할 학교가 시험문제 풀이를 되풀이하는 학원이 되고, 교육을 위한 학교급식이 끼니를 때우는 방편이 되고 있는 비정상적인 현실을 더는 방치할 수 없다는 위기감의 발로이기도 하다. 가정에서 통제 불가능한 학생을 기숙형 학교를 통해 생활습관을 바꿔보자는 취지에서 출발한 것이 공립대안학교인 태봉고등학교다.

학생, 학부모, 각급 교육청이 공립대안학교에 관심을 보이고 있다. 왜 그럴까? 학원이 된 학교, 교육이 없고 통제와 단속과 지시가 판치는 학교에 적응하지 못하던 학생들이 진짜 공부를 할 수 있는 학교를 찾기 시작했기 때문이다. 연간 7만여 명의 학생이 학교를 떠나 통제권(?) 밖으로 밀려나는 현실. 그런 자녀를 방치할 수 없다는 부모의 절박한 위기의식이 대안학교에 대한 관심으로 나타나기 시작한 것이다.

그렇다면 모든 대안학교는 선인가? 그렇지 않다. 대안학교 중에는 연간 공납금이 수천만 원이나 하는 학교가 있는가 하면, 말이 대안학교지 일류학교에 입학시키는 전문기관이 되다시피 해서 학교인지 학원인지 구별이 전혀 안 되는 학교도 있다. 학력이 인정되는 학교가 있는가 하면 그렇지 않은 대안학교도 있다. 현재 전국적으로 185개 학교, 교원 1650명, 학생 8526명이 대안학교에 속해 있다. 교육 목적별로 보면, 일반 대안교육이 74개교, 부적응 학생교육이 58개교, 종교·선교교육이 30개교, 다문화·탈북학생 교육이 8개교, 교포 자녀등 국제교육이 6개교가 있다.

1997년 간디학교가 문을 연 후 2015년 3월 현재 초·중등 비인가 대안학교는 130여 개교가 넘었으며, 인가받은 중등 '대안교육 특성화학교'가 36개교(중학교 12, 고등학교 24)로 늘어났다. 이 가운데 '공립' 대안교육 특성화학교는 6곳밖에 없다(평동중, 전북동화중, 청람중, 경기대명고, 태봉고, 한울고).

이미지가 달라지고 날이 갈수록 인기가 높아지고 있는 공립대안학

교. 그렇다면 앞으로 계속해서 공립대안학교를 설립할 것인가? 한 학급 학생이 15명인 기숙형 공립학교를 지으려면 최소한 150억에서 200억 정도의 예산이 소요된다. 태봉고등학교 여태전 전 교장선생님의 얘기를 들으면 그렇게 많은 예산을 투입해 계속해서 공립대안학교를 지을 필요는 없다고 한다.

경남의 경우 작은 학교를 없애기 위해 이미지가 좋지 않은 '폐교'라는 말 대신 거점학교를 만든다고 야단이다. 2곳 혹은 3~4곳의 작은 학교를 하나로 통폐합해 그 학교로 지역 학생들을 통학시키는 조치다. 자연히 주민의 반발이 나타날 수밖에 없다. 작은 학교를 폐교하고 만드는 거점학교 같은 꼼수가 아니라 작은 학교를 살려 도시의 학생들을 받아 특성화학교를 만들면 된다는 것이다.

초·중등 교육법 제90조 1항에 따라 교육감의 재량권으로 교육과정을 융통성 있게 운영할 수 있는 특성화학교로 지정하면 폐교하지 않고도 도시의 과밀학교 문제와 학교기피 현상을 막는 일석이조의 효과를 얻을 수 있다는 것이다. 거기다 도시의 자치단체장과 폐교 대상이 되는 지역 자치단체장이 자매결연을 하고 일정한 조건으로 MOU를 체결한다.

농촌의 자매학교에서 생산한 농산물을 도시학교의 학교급식 식자재로 공급하면 농민의 소득도 올리고 급식 식자재 문제도 해결할 수 있다. 폐교 대상인 농촌의 학교가 살아나면 농촌으로 인구 유입이 늘어나 폐교에 대한 주민의 반발도 예방할 수 있다. 이처럼 교육감의 직권으로 폐교 대상 학교를 특성화학교로 지정해 운영한다면 예산을 따로 들여 대안학교를 다시 지을 수고를 하지 않아도 된다.

교육 없는 학교는 존재할 가치가 없다. 좋은 학교, 공부하는 학교는 어떻게 만들어지는가? 학교 구성원 즉 교육 주체인 학생, 교사, 학부모가 함께 만들어가야 한다. 모든 학교가 대안학교여야 한다. 두드리면 열릴 것이라고 했다. 민주사회에서 다양한 철학을 가진 사람들이 지혜를 모으면 아무리 어려운 문제라도 해결하지 못할 리 없다.

관료들의 독선과 폐쇄적인 사고가 일을 어렵게 만든다. 학교폭력 문제며 탈학교 문제, 청소년 부적응 문제 등 산적한 교육문제는 구성원이 민주적인 절차에 따른 창의성과 합의를 존중할 때 답을 얻을 수 있다. 지금은 민주주의를 가르치는 학교에 대안적 마인드로 교육문제를 해결하는 지혜가 필요한 때다.

28만 명의 학생을 포기하는 학교

2013년 기준으로 학령기(초1~고3) 청소년의 수는 713만 명이다. 이들 중 658만 명은 학교에 다니지만 나머지 4퍼센트인 28만 명은 어디서 무엇을 하는지 교육부조차 파악하지 못하고 있다. 학령기 학생들이 이 정도라면 그 전에 방황하는 어린이와 중도에 이탈한 청소년들까지 합하면 학교 밖 청소년의 수는 실로 어마어마하다. 물론 이들 중에는 홈스쿨링이나 사설 교육의 수혜를 받는 아이들도 일부 있을 것이다. 하지만 대부분의 어린이와 청소년이 어디서 어떤 교육을 받고 있는지는 그 실태조차 파악하지 못하는 실정이다.

해마다 쏟아지는 '탈학교' 아이들이 사각지대에 방치되고 있는 현실. 그들은 내버려둬도 괜찮은 아이들일까? 극히 일부의 탈학교 아이들이 대안학교에 다니기도 한다. 그러나 비인가 대안학교는 대부분 학비가 비싸 학부모의 부담이 클 뿐 아니라 수많은 학교 밖 아이를 수용하기에는 한계가 있다. 2015년 3월 현재 전국에는 정부가 인가한 61곳의 대안학교가 있고 재학생의 학력이 공식적으로 인정된다. 그러가 하면 자율적으로 운영되며 학력 인정이 안 되는 비인가 대안학교는 전국 130여 곳으로 5000여 명의 학생이 다니는 것으로 추정할 뿐 정확한 집계조차 못하고 있는 실정이다.

우리는 지난 2008년 2월 10일 숭례문 방화사건으로 귀중한 문화재가 5시간 만에 잿더미로 변하고 만 현실을 목격했다. 자신이 소유하고 있던 토지의 보상 문제에 불만을 품은 사람이 저지른 잘못된 행동이 얼마나 끔찍한 결과를 낳을 수 있는가를 상징적으로 보여준 사건이었다. 범법자로 보호관찰 대상자로 희망을 잃고 방황하는 청소년들의 실태를 파악조차 하지 못하고 있어도 괜찮은 걸까? 학교는 학교폭력을 비롯해 말썽을 일으키는 문제아(?)를 골라내 다른 학교에 전학시키거나 '위클래스'니 '위스쿨'로 격리시키기를 좋아한다. 하지만 생각해보자. 이들이 자라서 성인이 되면 결국 모두가 사회에서 함께 살아야 한다.

일찍이 동학을 창시한 최제우 선생은 '사람이 곧 하늘(人乃天)'이라며 '사람을 하늘처럼 섬기라(事人如天)'고 가르쳤다. 예수는 '사람이 온 천하를 얻고도 제 목숨을 잃으면 무엇이 유익하겠느냐?'고 했다. 유엔인권선언은 '인류가족 모두의 존엄성과 양도할 수 없는 권리를 인정하는 것이 세계의 자유, 정의, 평화의 기초'라고 했다.

인간은 공부를 잘하고 못하고를 떠나, 부모의 사회적 지위가 높고 낮음에 관계없이, 인간으로 태어났다는 이유만으로 존엄의 대상이 되는 것이다. 그것은 인류 최상의 불변적 가치요, 진리다. 그런데 현실은 어떤가? 불우한 환경에서 자랐다는 이유로 혹은 우발적인 잘못을 저질렀다는 이유 하나만으로 학교에서 왕따를 당하고 차별과 소외를 경험하는 게 오늘날 청소년의 현실이다.

낙인찍혀 한계상황으로 내몰린 청소년이 갈 곳은 어디일까? 묻지마 범죄, 한탕주의, 탈법과 불법이 난무하는 사회에서 일순간 범죄자가 될 수도 있는 무서운 환경에 방치되고 있다. 학교 밖을 떠도는 연간 수천, 수만 명의 청소년을 국가가 모른 채 방치해도 괜찮은 걸까? 그들이 받을 고통이나 혹시 저지를 수도 있는 범죄에 대한 사회적 비용은 누가 부담할 것인가?

박근혜 정부는 '모든 국민이 행복한 사회'를 건설하겠다고 공약했다. 경제적인 이유로 혹은 공부를 못한다는 이유나 한순간의 실수로 낙인찍혀 전과자가 된 청소년이나 다양한 이유로 학교를 떠난 아이들을 내팽개치는 것은 국가의 책임을 방기하는 일이다. 그들이 더불어 살 수 있는 길로 안내하는 건 그 어떤 복지보다 우선되어야 한다.

학령기에 있는 28만 명의 학교 밖 청소년을 방기한 채 복지국가를 운
운할 수는 없는 일이다.

언어오염 공화국의
실태

"선생님, 제 아들 때문에 상담을 받아보고 싶어서요. 현재 중학교 1학년 학
생인데 말끝마다 욕이고 무슨 말인지 통 못 알아들어요. 어려서는 얌전하고
착해서 남을 괴롭히지 않았던 그런 애였는데 초등학교 5학년 때쯤부터 친구
나 여자동생한테 욕을 막 하더라구요… 친구한테 전화가 오면 막 얘기를 하
는데 거의가 다 욕이거나 말이 거칠어요. ×새끼 왜 그러냐?, 뻥까지마!, 당근
이지, 야 뚜껑열린다, 그 여자애 짱이야 등. 저는 애가 제 아들인가 싶어요. 깡
패나 쓰는 말 같은 천박하고 저속한 욕을 서슴없이 하는 것을 보고 너무 당황
스럽고 놀랬어요. 가끔씩 제가 잔소리를 좀 하면 못마땅하다는 듯이 ×나게
기분 나쁘네! 라며 자기 방으로 문을 꽝 닫으며 들어가곤 하는데…."

청소년진흥원 상담복지센터에 올라온 어느
학부모의 글이다. 요즈음 아이들의 대화를 듣고 있노라면 내가 다
른 나라에 온 것이 아닐까 하는 착각이 들 정도다. 아이의 말을 못
알아듣겠다고 토로하는 사람이 어디 상담 신청을 한 이 학부모뿐이
겠는가?

방가방가, 글쿠낭, 당근이지 쨩이야… 이런 말 정도는 아이들의 애교로 들렸다. 그런데 날이 갈수록 은어와 비어, 속어, 국적 불명의 외래어, 욕설, 외국어가 범람해 나이든 사람들은 점점 더 알아듣기 어려워지고 있다. 생선(생일 선물), 문상(문화상품권), 버카충(버스카드 충전), 제곧내(제목이 곧 내용), 행쇼(행복하십시오), 먹방(먹는 방송). 화떡녀(화장을 떡칠한 여자), 여병추(여기 병신 추가요), 광탈(빠르게 탈락하다), sc(센 척), 박카스(잔심부름꾼), 골부인(게임에 맛을 들인 여성), 납세미(포커게임에서 자주 잃는 사람)…. 이런 말을 알아들을 사람이 얼마나 될까? 이런 말을 듣고 있노라면 남의 나라에 온 것 같다.

소셜네트워크서비스(SNS)에서 사용되는 언어는 심각성이 더하다. 심멋(심장이 멎을 정도로 기분 좋다.) 개취(개인적 취향), 평친(평생 친구), 점약(점심 약속), 노잼(No+재미=재미없다), 노답(No+답=답이 없을 정도 답답하다), 존잘(엄청 잘 생겼다), 웃프다(웃을지 슬퍼할지 모르는 상황), 개드립(엉뚱한 발언을 할 때) 등 끝이 없다.

은어나 비속어만이 아니다. 어떤 언론사에서 중·고등학생을 대상으로 언어 실태를 조사한 결과를 보면 10명 중 9명이 욕을 하고 있는 것으로 밝혀졌다. 중학교 남학생의 99퍼센트, 여학생의 95퍼센트가 욕을 한다고 답했다. 고등학생의 경우 남학생 93퍼센트, 여학생 97퍼센트였다. 욕을 전혀 하지 않는 여학생은 응답자 116명 가운데 3명뿐이었다. 초등학교 6학년 30명 중 욕을 하지 않는 학생은 단 한 명뿐이었다. 여기에 옮기기도 낯 뜨거운 욕설이며 은어, 비속어를 이대로 방치해도 괜찮은 걸까?

말이란 기본적으로 의사소통의 도구다. 하지만 예부터 사람들은 말을 인품이나 됨됨이를 짐작하는 수단으로 보기도 했다. 한편 언어란 나라사랑의 척도이자 사회의 사상(事象)을 반영(反影)한다. 민족문화를 사랑하는 국민, 정서적으로 안정된 사회는 나랏말을 홀대하지 않는다. 그러나 우리의 현실은 어떤가? 우리말의 오염은 이승만 독재정권과 친일 세력이 만든 정권에서 그 연원을 찾을 수 있다. 친일 세력의 청산되지 않은 역사는 언어문화에서도 예외가 아니다. 우리는 조상으로부터 훈민정음이라는 아름다운 나랏말을 물려받았지만, 소중한 우리말을 가꾸고 다듬으려는 노력의 부족으로 만신창이 되어가고 있다.

청소년들의 일상의 대화가 은어와 비어 그리고 거칠고 막나가는 욕설로 뒤범벅이 된 것은 결코 우연이 아니다. 눈앞의 이익만 생각하는 상업주의, 상급학교 진학이 교육의 목표가 된 뒤틀린 학교, 모순된 사회에 대한 꿈이 없는 청소년들의 반항의식, 성실한 사람이 대접받지 못하는 학벌사회의 모순, 꿈을 잃은 청소년들의 욕구불만과 좌절감, 분노가 쌓인 청소년들의 정서가 오염된 언어문화를 만들고 있다. 아름다운 우리말을 두고 국적 불명의 외래어와 은어, 속어, 비어로 나랏말을 오염시키고 있는 청소년의 안타까운 현실을 구경만 하고 있을 것인가?

곧 어른이 되지만 세상에 대해
아는 게 없어요

나는 곧 18세가 된다. 하지만 세금, 집세, 보험 등에 대해 아는 바가 없다⋯.

독일 쾰른의 한 김나지움(인문계 중등교육기관)에 재학 중인 17살 여학생이 학교교육을 비판한 글이 화제가 된 적이 있다. 조금만 지나면 어른이 되는데, 결혼을 하고 아이를 낳아 기르고 아이들을 가르쳐야 하는데, 세상에 대해 아는 게 없다는 마음을 트위터에 토로해 일약 스타가 된 학생은 '나이나 K'라는 소녀였다. 하지만 어디 이 학생만 그럴까? 우리나라 청소년들의 상황도 다르지 않다.

사례1 "나 학교 선배인데⋯." 김○○ 씨는 대학교 등록금 납입고지서를 받고 나오다 학교선배라 사칭한 영업사원의 권유로 39만 6천원에 어학교재 세트를 계약함. 실제로 배달된 교재를 보고 부모님이 취소를 요구하는 내용증명을 발송했지만 해약을 거부하고 있음.

사례2 "방송국에서 설문조사 나왔습니다." 대학 정문 앞에서 ○○문화정보센터의 판매원이 MBC 라디오의 설문조사에 응해달라는 요구에 승합차에 유인되어 토플교재의 구입을 권유받고 43만 2천원에 할부 계약을 함. 가정사정으로 어학교재가 필요 없어 계약 취소를 판매처에 요구하니 1회 납입금 3만 6천원을 내야 해약이 가능하다고 통보해옴.

사례3 "국가○○연구 기관으로 조사 자료에 필요한데…" 장○○ 씨가 신입생 오리엔테이션을 받고 나오던 중 국가○○연구원 직원이라고 자신을 소개하며 마치 공공기관 직원처럼 행세하는 사람이 설문지 작성을 부탁함. 그는 리포트를 작성할 때 필요한 자료나 읽고 싶은 책이 있으면 우표 값과 발송비만 내면 자료 우송이 가능하다고 유혹함. 회원가입 신청서를 쓰고 난 후 사은품이라며 토플 테이프 한 개를 보내주었는데 20일 정도 지나 대금청구서가 날아옴. 확인해본 결과 국가기관도 아니었음. 납입금 3만 6천원을 내야 해약이 가능하다고 통보해옴.

한국소비자원에 신고, 접수된 사례의 일부다. 이런 사례는 부지기수다. 대학에 합격한 신입생을 상대로 한 사기성 계약은 취소가 가능하지만, 법조문 하나 제대로 몰라 속수무책으로 당하는 경우가 수없이 많다. 어려운 형편에 계약을 하고 난 후 부모에게 얘기도 못하고 죽고 싶었다는 제자의 말을 들으면 '학교의 우등생이 사회의 열등생'이라는 말이 왜 나왔는지 알 만하지 않은가? 주야장천 국·영·수 문제풀이만 하는 학교에서 세상을 살아갈 지식을 배우지 못한 학생이 '세금, 집세, 보험…' 등에 대해 제대로 아는 게 뭐가 있을까?

집에서도 아이들에게 경제를 가르치지 않는다. 어려운 살림살이지만 너는 집안 걱정하지 말고 공부나 열심히 하라는 부모의 배려가 오히려 아이들을 '돈'에 대한 기초상식도 없는 청맹과니로 만든다. 마음만 먹으면 아이 손을 잡고 시장을 데리고 다니며 돈에 대한 기초적인 교육을 할 수 있다. 살아가는 데 돈이 꼭 필요하다는 것과 돈이 없으면 얼마나 불편한지, 돈을 잘못 쓰면 어떻게 패가망신을 하는지, 상품과 물가와 맞물린 허욕에 대해서나 가정에 돈이 어디에 얼마나 들어가는지 등의 상식을 전달하는 교육은 그리 어렵지 않다.

하지만 학교교육은 어떤가? '체계적인 경제 지식과 사고력 및 가치관을 토대로 하여 소비자, 생산자로서 책임 있는 민주시민의 구실을 수행할 수 있는 인간을 기른다'는 목적은 거창하지만, '리카도의 비교우위이론'이 어떻고 '효용가치'가 어떻다는 그래프를 그려주고 해석을 묻는 교육이 과연 졸업 후 학생들이 경제생활에 절실하게 필요한 삶의 안내서가 되어줄 수 있을까?

경제 교과서는 총론 격인 경제생활과 경제 문제의 이해, 경제 주체의 역할과 의사결정, 시장과 경제활동, 국민경제의 이해, 세계 시장과 한국 경제, 경제생활과 금융…. 이런 내용을 가르친다. 학생들이 대학에 들어가면 원룸이나 셋방에서 집세를 부담해야 하는데 교통비와 등록금과 용돈 관리를 지혜롭게 할 수 있는 안목이 없어 피해를 보는 사례가 수없이 많다. 국제무역과 리카도의 비교우위나 환율 같은 지식보다는 사회에서 아르바이트를 할 때 필요한 최저임금에 관한 지식이나 법률상식이 아이들에게 더 필요하지 않을까? 물론 학교에서 모든 것을 전부 가르쳐주지는 못한다. 그러나 노동 현장으로 진출하거나 대학생활을 시작하는 젊은이들이 당장 피부로 느낄 현실 문제를 학교에서 제대로 된 토론 한번 해보지 못하는 학교교육이 제대로 된 것이라고 얘기할 수는 없다. 언제까지 현실을 외면하고 뜬구름 잡는 교육을 계속할 것인가?

통합적인 사고능력을 위해
문과와 이과 통합해야

2013년 8월 27일 교육부와 대입제도 발전방안 연구위원회가 학생·학부모 부담 완화와 학교교육 정상화를 위한 '대입전형 간소화 및 대입제도 발전방안'을 발표했다. 그 이후 처음으로 열린 공청회에서 서울시교육청, 일선 고등학교, 교원단체, 교육 관련 시민단체 등이 정부 안에 대해 다양한 의견을 쏟아냈다.

"성취평가제는 기 예고된 대로 내년 고1 학생(현 중3학생)부터 보통교과에 대해 적용하되, 성취평가 결과(A, B, C, D, E)의 대입반영은 '19학년도까지 유예한다"는 내용에 대해서는 긍정적으로 평가했지만, 이번 정부안의 핵심 논의 과제인 문·이과 수능 완전 융합안과 수시모집에서 수능 최저학력 기준을 폐지하는 문제에 대해서는 입장이 엇갈렸다.

'문·이과 구분안'과 '문·이과 완전 융합안' 중 어떤 안이 공교육을 정상화시킬까? 현행 고교교육은 크게 실업계와 인문계로 분류된다. 인문계는 2학년이 되면서 인문계열(문과)과 자연계열(이과)로 다시 나뉘어 각기 대학입시 준비에 매진한다. 일반계 고등학교에서 문과를 선택한 학생은 과학 분야의 일부만을, 이과를 선택한 학생은 인문 분야의 일부만을 공부하게 된다.

인문계 고등학교 2학년이 되면 인문사회과학 분야에서도 통합사회(정치, 경제, 법, 사회문화), 통합지리(한국지리, 세계지리), 통합역사(한국사, 세계사), 통합도덕(도덕, 철학) 4가지 영역을 모두 배우지 않고 1~2가지 영역만 선택해서 배우게 된다. 통합사회의 경우 전체를 배우지 않고, 정치, 경제, 법, 사회문화 과목으로 세분화된 과목 중 1~2가지 과목만 배울 뿐이다. 자연계열 학생도 사정은 마찬가지다. 자연과학 분야를 제대로 공부하려면 물리, 화학, 생명과학, 지구과학을 모두 배워야하지만 학교에서는 4가지 영역 중 2가지 정도의 영역만 배우면 이공계 대학에 진학할 수 있게끔 제도화해놓았다.

과거에는 문과에서도 물리, 화학, 생물, 지구과학I 과목을 모두 학습했다. 이과에서도 공통사회 과목들을 의무적으로 이수했다. 일반계 고등학교를 진학하면 문과, 이과를 막론하고 모든 학생이 정치, 경제 과목을 의무적으로 학습해야 했다. 과거에는 대학 진학 시 문과와 이과의 교차 지원이 어려웠는데 지금은 대학 이공계로 진학하는 학생들 중 3분의 1 혹은 2분의 1 정도는 인문사회 과목만 이수하고 과학 과목을 제대로 이수하지 않은 학생들이다.

이 때문에 자연의 법칙성을 제대로 모르는 인문계 학생, 인문학적 소양이 없는 자연계 학생이 양산된다. 파행적인 절름발이 교육의 결과다. 편향된 인문계 지식 혹은 자연계 지식만으로 오늘날과 같이 고도로 발달한 사회, 복잡한 사회에서 능력 있는 직업인으로 인정받고 살아가기를 기대할 수 있을까?

인문계와 자연계로 나눠 편향된 지식을 전달하기보다는 모든 학생이 통합사회(정치, 경제, 법, 사회문화), 통합지리(한국지리, 세계지리), 통합역사(한국사, 세계사), 통합도덕(도덕, 철학) 4가지 영역을 함께 배우고 과학 또한 물리, 화학, 생물, 지구과학 영역의 기본을 학습하게 하는 편이 옳다.

지금처럼 고등학생을 문과와 이과로 나누고 문과 학생들에게 지리/일반사회(일반사회는 정치, 경제, 사회문화, 법 과목을 포괄하고 있음) 혹은 지리/일반사회/역사/윤리를 중 선택하게 하고, 이과 학생들에게 물리/화학/생명과학/지구과학 과목 중 선택하게 하는 선택교육 체제는 바꿔야 한다. 절름발이 인간을 길러내는 교육과정으로 어떻게 통합사회에 적응할 건강한 인간을 양성할 수 있겠는가? 교육부가 '학교교육의 정상화'를 꾀하겠다면 정보화 사회에 걸맞은 통합적인 사고능력을 갖춘 인간을 양성하기 위해 문·이과 통합교육으로 가야 할 것이다.

한국사 수업 늘려도
반갑지 않은 이유

2014년부터 고등학생들의 한국사 수업이 강화되었다. 교육부는 2013년 7월 7일 고교생의 한국사 이수단위를 현행 5단위(1단위는 한 학기 주당 1시간 수업)에서 6단위로 늘리고, 한 학기에 관련 내용을 한꺼번에 배우는 집중이수제 과목에서 한국사를 제외하도록 하는 방안을 결정했다. 한국사 수업을 늘린 방침은 환영할 만한 일이다. 그러나 생각해보자. 수업시수만 늘린다고 역사의식이나 문화에 대한 긍지나 자부심이 높아질 리 만무하다.

사실 우리나라 청소년들의 역사의식은 참담한 수준이다. (사)한국
사회조사연구소는 2004년 9월부터 12월까지 만 3개월 동안 전국
초·중·고 467개교 2만 7650명(초등학교 5학년, 중학교 2학년, 고등학교 2학년)을 대상으로 '자기기입식 설문조사'를 진행했다. 1980년 5.18 광
주민중항쟁의 역사적 사실에 대한 설문조사 결과 전국 초·중·고생
은 물론 광주전남 지역의 초·중·고생의 90퍼센트까지 '모른다'는 충
격적인 결과가 나왔다.

이 조사에서는 5.18뿐 아니라 3.1 독립운동, 4.19 민주항쟁, 5.16
쿠데타, 6월 민주항쟁 등에 대해서도 '일어난 해'를 묻는 인지도 질문
을 했다. 각 역사적 사건에 대해 '제대로 알고 있다'는 전국 초·중·고
생 결과는 3.1 독립운동 14.5퍼센트, 4.19 민주항쟁 2.3퍼센트, 5.16
쿠데타 1.0퍼센트, 6월 민주항쟁 2.0퍼센트였다. 한편 각 역사적 사
건에 대해 '제대로 알고 있다'는 광주전남 초·중·고생은 3.1운동
17.2퍼센트, 4.19 민주항쟁 2.8퍼센트, 5.16 쿠데타 0.8퍼센트, 6월
민주항쟁 3.8퍼센트였다. '모른다'는 응답은 전국과 광주전남 학생들
모두 90퍼센트가 넘었다.

2013년 4월에 에스비에스(SBS)가 10~30대 일반인 82명을 대상으
로 설문 조사를 진행하면서 "야스쿠니 신사에 대해 알고 있느냐"는
질문에 한 청소년이 "야스쿠니 신사? '신사·숙녀' 할 때 신사 아니에
요?"라고 답하는 내용이 전파를 탄 적이 있다. 또 다른 학생은 야스쿠
니 신사가 '위인' 아니냐며 야쿠르트 먹고 싶어진다는 어이없는 대답

을 하기도 했다.

어쩌다 우리 청소년들의 역사인식 수준이 이 지경이 된 걸까? 같은 공부를 해도 목적에 따라 인지도 면에서 차이가 난다. 점수 획득이 목적일 뿐인 역사 공부는 시험을 치르고 나면 끝이다. 하지만 학교가 제대로 된 역사관을 가르치고 살아 있는 역사를 가르쳤다면 아이들의 역사인식이 이렇게 참담한 수준은 되지 않았을 것이다.

한국사 수업 강화 차원에서 수업시수를 늘린다는 것은 좋은 일이지만 '지식 암기량=공부 잘하는 학생'이라는 등식이 보편적인 교육 상황에서는 달라질 게 없다. 역사 공부를 제대로 하기 위해서는 지식 위주, 사건 중심, 암기 위주의 수업에서 벗어나야 한다. 아니, 오히려 수험에 대한 부담으로 역사 공부에 진절머리를 낼 지도 모를 일이다.

박근혜 정부가 출범하면서부터 역사교육 강화론이 기승을 부린 건 사실이다. 그런데 결국 정치권에서 '한국사 수능필수화 논쟁'이 본격화하고 말았다. 2013년 6월 한 언론사가 진행한 여론조사에서 한국 청소년 69퍼센트가 한국전쟁을 북침으로 인식했다는 응답이 나온 뒤부터다. 박근혜 대통령은 이와 관련해, "교육 현장에서 진실이나 역사를 왜곡하는 것은 절대로 있어서는 안 되며, 반드시 바로 잡아야 한다"고 강조했다. 더구나 박 대통령이 7월 10일 청와대에 언론사 논설실장을 초청한 오찬에서 "역사 과목은 (학력)평가기준에 넣어 어떻게 해서든지 (성적에) 반영시켜야 한다고 생각한다"는 뜻을 밝히면서부터 한국사 수능필수화 논쟁은 여야와 교육 현장으로 확산되는 양상을 보였다. 교총이 한국사 수능필수화에 찬성 입장을 표명한데 이어 전교조는 반대 뜻을 밝혔다.

교총이야 본래부터 정부 정책의 거수기 노릇을 해왔으니까 그렇다 치더라도 전교조가 한국사 수능필수화에 반대한 이유는 뭘까? 전교조는 박근혜 정부가 "꿈과 끼를 살리자면서 입시 위주로 한국사 교육을 강화하는 것은 모순"이라며 "모든 교과를 정상화하는 방향과 근본적인 원인 제공자인 수능 개편과 함께 가지 않으면 역사 수업을 지식교육 일변도로 왜곡하게 될 것"이라며 우려를 표명했다.

"역사를 잊은 민족에게 미래는 없다." 단재 신채호 선생의 말씀이다. 역사 공부란 과거의 사실을 통해 오늘의 나를 찾는 작업이다. 나의 정체성과 내가 살아가는 데 필요한 삶의 이정표를 찾는 기본이 곧 역사다. 따라서 역사적 지식만 암기한 사람이 우수한 학생이 되는 역사 공부는 그쳐야 한다. 역사를 통해 나를 알고 선조와 향토에 대한 감사와 애착, 우리 문화에 대한 긍지와 자부심을 함양할 수 없다면, 그런 역사 교육은 아이들의 삶을 황폐화시킬 뿐이다. 역사 교육에 대한 국가 통제를 합리화하고 대학 서열화의 들러리가 될 뿐인 현행 수능제도를 바꾸지 않는 한 한국사 교육 강화나 수능필수 과목 지정 등의 변화는 수험생을 괴롭히는 짐이 될 뿐이다. 교육부가 진정으로 역사 교육을 강화하고 싶다면 시험을 위한 한국사 공부가 아닌 역사를 통해 나를 찾아가는 바른 역사를 가르칠 수 있는 여건을 조성해야 할 것이다.

한국사
수능 필수 지정의 속내

"우리 청소년들이 왜곡된 역사 평가를 배우고 있다고 생각하면 정말 전율하지 않을 수 없다. 뜻 있는 이들이 현행 교과서의 문제점을 지적하며 청소년들이 잘못된 역사관을 키우는 것을 크게 걱정했는데 이제 걱정을 덜게 됐다."

2008년 5월, 뉴라이트가 만든 《대안교과서 한국 근·현대사》출판기념회에 참석했던 박근혜 의원의 말이다. 이후 대통령이 된 박근혜의 사관에 코드를 맞추기 위해서일까? 박근혜 정권으로 바뀌기 바쁘게 보수 세력의 총궐기가 시작되었다. 일베저장소 같은 사이트가 등장하고 조·중·동이 앞장서서 이승만과 박정희의 명예회복(?)을 위한 공세를 펼치고 있다. 공중파와 종편까지 합세해 수구 세력의 목소리에 힘을 실어주고 있다.

이러한 분위기를 반영하기라도 하는 듯, 독립군을 토벌했던 백선엽을 영웅으로 만들려는가 하면, 뉴라이트 사관이 담긴 역사 교과서마저 생겼다. 한국현대사학회의 전·현직 회장인 권희영 한국학중앙연구원 교수와 이명희 공주대 교수와 같은 뉴라이트 학자들이 만든 역사 교과서인 《고교 한국사》(교학사)가 검정을 통과했다는 소식이 알려지자 수많은 누리꾼의 분노와 걱정이 인터넷 공간을 뜨겁게 달궜다.

"우리도 자기들 유리한데로 역사를 왜곡하는데 일본한테 뭘 말 할 수 있겠나"며 비판의 목소리를 내는가 하면 "소설책을 역사 교과서라고 하니… 이런 건 소설가에게 맡겨라. 그럼 더 재미있고 박정희를 이순신 위에다 올려놓을 수 있다"고 비꼬는 이도 있었다. 그밖에 "박근혜가 한마디 했다고 해서 교과서의 역사 내용이 바뀌어야 하나! 역사편찬위원회나 교과서 편찬위원회는 배알도 없고 진리도 없냐!"며 분통을 터뜨리는 사람도 있었다.

과연 뉴라이트 계열 학자들이 쓴 교학사 교과서에는 어떤 내용이 담겨 있었을까?

"최남선은 공(功)과 과(過)가 모두 있는데, 공과 과를 함께 논한다면 어느 쪽이 클까?"

"주요 공적에 대해서 현재 우리나라의 '상훈법'에 비추어 포상을 한다면 어떤 상을 수여하면 적절할까?"

과연 이런 질문이 타당하다고 생각하는가? 1949년 친일반민족행위자로 기소된 최남선에 대해 공과 과를 따져 어떻게 포상할지를 생각해보라는 질문을 던진다는 것 자체가 어불성설 아닌가? 또 다른 측면을 보자. 교학사 교과서는 '김성수의 광복 직전 동향'이라는 제목의 별도 꼭지를 만들어 "1940년 8월, 일제가 동아일보를 강제 폐간시키자, 사주인 김성수는 고향으로 돌아가 광복 때까지 은거하였다"고 기술해놓았다. 이것도 부족했던지 "일제로부터 창씨개명을 강요당하였으나 거절하였고, 일제가 주는 작위도 거절하였다"고 서술해 김성수를 마치 항일 인사인 양 묘사하고 있다. 하지만 실상은 어떤가?

"돌연히 발표된 조선의 징병제 실시의 쾌보는 실로 한반도 2500만 동포의 일대감격이며 일대광영이라 당시 전역을 통해서…'
— 〈문약의 기질을 버리고 상무의 정신을 찬양하라〉,《매일신보》, 1943년 8월 5일자

"제군의 희생은 결코 가치 없는 희생이 아닐 것을 나는 제군에게 언명한다. 제군이 생을 받은 이 한반도를 위하여 희생됨으로서 이 반도는 황국으로서의 자격을 완수하게 되는 것이며…."
— 〈대의를 위하여 죽을 때 황민의 책임은 크다〉,《매일신보》, 1943년 11월 6일자

"이번에 건강이 좋지 않아 조선을 떠나시게 된 것은 정말로 유감스럽습니다. 각하가 조선에 계시는 동안 여러 가지로 후정(厚情)을 입었습니다."
— 1930년 12월 30일 조선총독부 사이토에게 보낸 편지

이런 김성수를 "고향으로 돌아가 광복 때까지 은거하였다"고 가르치는 교과서를 올바르다고 할 수 있겠는가? 학병·지원병 또는 징병을 전국적 차원에서 주도적으로 선전 또는 선동하고 전쟁 참여 독려 기고와 강연을 22건이나 했던 이가 바로 김성수였다.

교학사의 역사 왜곡은 여기서 그치지 않는다. 5·16 군사쿠데타와 1965년 한일협정, 유신체제 출범에 대한 미화나 우호적 표현이 서술되어 있다. '5.16 군사정변은 헌정을 중단시킨 쿠데타'라면서도 '반공과 함께 자유 우방과의 유대를 강조'했고 '윤보선 대통령도 쿠데타를 인정했다'며 5.16 쿠데타를 정당화하는 데 무게를 두고 있다. 또한 한

일 관계에 대해서도 '한일협정으로 일본의 식민지배에 대한 배상은 해결됐다'고 기술했다가 수정 권고를 받아 '부분적으로 해결됐다'고 고치는 식으로 친일적인 시각을 감추지 않았다.

노태우 정부에 대해서는 서울올림픽을 개최한 것을, 이명박 정부에 대해서는 국민소득 2만 달러, 인구 5000만 명을 상징하는 20-50 클럽에 가입한 것을 긍정적으로 평가한 반면 노무현 전 대통령에 대해서는 '법치규범의 약화' '행정수도 건설법 위헌' '안보 소홀' 등 부정적 평가 일색으로 기술해놓았다.

과거 국정교과서 시절에는 교과서가 한 권밖에 없었기 때문에 학교로서는 선택의 여지가 없었다. 그러나 국사 교과서가 검인정 체제로 바뀌면서 출판사에서 자유롭게 만든 교과서가 검정위원회를 거쳐 국사편찬위원회에서 합격 여부를 결정하게 되었다. 학교는 '교과서선정위원회'를 구성해 여러 출판사에서 만든 교과서를 살펴본 뒤 평점을 매긴다. 점수를 합산해 상위 3개 교과서가 학교운영위원회에 후보로 올라간다. 학교운영위원회에서는 이들 교과서를 재검토해 그중 하나를 결정하면 학교장의 승인을 거쳐 새 학년이 시작되는 3월에 학생들에게 배포된다.

보수 세력이 궐기해서 몰아붙인 교학사 교과서 채택률은 결과적으로 0퍼센트에 가까웠다. 말이란 '아' 다르고 '어' 다르다고 했다. 같은 말이라도 해석에 따라 다른데, 하물며 가치관이 형성되지 않은 청소년들에게 뉴라이트 시각으로 쓴 국정교과서로 역사를 가르치면 아이들은 어떤 역사관을 갖추게 되겠는가? 수구 세력이 역사교육 강화를 요구하고 수능필수 과목으로 지정해야 한다고 목소리를 높이던 저의가 드러났다. 정의가 사라진 역사 교과서를 배우게 될 학생들이 걱정이다. 역사 왜곡은 조상에 대한 모독이요, 후손들에게 죄를 짓는 행위임을 명심할 일이다.

대한민국과 프랑스 교육, 달라도 너무 다르다

응시자 다섯 명 중 네 명이 합격

찍을 수 있는 '보기'도 없고

외울 수 있는 모범답안도 없는 시험

프랑스 고등학생들이 대학에 진학하기 위해 치르는 시험

'바칼로레아'

프랑스의 대학입학 자격시험

복잡한 지문 없이 짧은 한 문장으로 된 철학 시험 문제

타인을 심판할 수 있는가? (2000년)

과거에서 벗어날 수 있는가? (1996년)

모든 사람을 존중해야 하는가? (1993년)

세 개의 질문 중 하나를 골라 4시간에 걸쳐 답을 작성해야 하는 수험생들

철학 과목을 포함한 15개 과목 모두 주관식 논술

수험생들은 일주일간 시험을 치르고

20점 만점에 10점 이상이면 시험에 통과

시험에 통과하면 점수에 상관없이 원하는 국공립대학에 입학할 수 있다

10점 이상을 받은 합격자는 전체 수험생의 약 80% 이상

10점 미만 불합격자에겐 재시험의 기회를 줘 합격률을 높이는

시험의 목적은 못하는 학생을 가려내고 탈락시키는 것이 아니라

더 많은 학생을 합격시켜 더 많은 교육의 기회를 주는 것

그리고 바칼로레아 철학 시험이 있는 날

"올해는 어떤 문제가 나왔을까?"

수험생처럼 철학 시험 문제를 기다리는 프랑스 국민들

TV에 출연해 자신이 작성한 답안을 발표하는 정치인들

빈 강당에 모여 자신의 생각을 이야기하는 학자와 시민들

거리에서 공원에서 집 안에서 프랑스 곳곳에서 자발적으로 치르는 시험

그렇게 매년 프랑스가 함께 생각하고 답해온 바칼로레아 철학 문제들

중국의 천안문 사태가 있었던 1989년,

"폭력은 어떤 상황에서도 정당화될 수 없는가?"

이민자 폭동이 사회적 문제가 되었던 2006년,

"특정한 문화의 가치를 보편적으로 판단할 수 있는가?"

그리고 정치인의 탈세와 온갖 비리로 얼룩졌던 2013년

수험생과 시민들이 답해야 했던 질문,

"정치에 관심을 두지 않고도 도덕적으로 행동할 수 있는가?"

200년 넘게 프랑스 시민을 생각에 빠뜨린 바칼로레아

1808년 이 시험의 목적은

스스로 생각하고 행동하는 건강한 시민을 길러내는 것이었다

　　　나는 2013년 10월 3일에 방송된 EBS '지식
채널ⓒ' 프로그램 〈시험의 목적〉 편을 지난해에 유튜브 영상으로 보
았다. 눈물과 함께 치밀어 오르는 분노를 참느라 애를 먹었다. 고등
학생들을 수십 년간 가르쳤던 지난날의 추억과 회한이 나를 오열케
했다.

　기저귀 찬 어린이에게 영어를 가르치고, 어린이집이며 유치원에
다닐 때쯤 되면 적게는 서너 개, 많게는 대여섯 개 학원으로 내몰리
고, 초등학교 때부터 국제학교나 특목고 진학을 준비하기 위해 제대
로 잠도 못 자며 자라는 아이들. 새벽같이 등교해 자율학습, 정규수업
(말이 정규수업이지 시험문제 풀이하는 학원이나 다를 게 없다), 보충수업, 자율학
습으로 이어지는 학교공부가 끝나기 바쁘게 학원으로 갔다가 새벽
2시 가까이 되어서야 집으로 돌아가는 아이들. 학원에서 공부하고
학교에서는 잠을 자고, 인성교육까지 학원에서 공부하는 아이들. 학
교 안까지 사교육이 합법적으로 들어와 공교육인지 사교육인지 구

별이 안 되는 현실. 국가가 나서서 방송과외(EBS)를 하는 이해 못 할 나라가 오늘날의 대한민국이다.

왜 우리는 프랑스처럼 공부할 수 없을까? 왜 우리는 착하기만 한 아이들에게 이런 못 할 짓을 하고 있을까? 사람들은 고3 학생들의 고생을 말한다. 그런데 정확하게 말하면 고3만이 아니다. 초등학생 자녀를 둔 학부모 사이에서 '4당3락'(실제 학년보다 4개 학년 정도 앞서 공부해야 한다는 의미)이라는 유행어가 나돌 만큼 아이들은 한계상황에 내몰려 있다. 이런 교육을 하는 나라에서 어떤 아이들이 몸과 마음에 상처 없이 건강할 수 있을까?

혹자는 말한다. 교육은 '공정한 경쟁'이라고. 열심히 하기만 하면 의사도 되고 판검사도 될 수 있다고. 젊을 때 고생은 사서라도 한다고. 하지만 정말 그럴까? 고생해가며 열심히 노력하기만 하면 원하는 학교에 진학하고 번듯한 직장에 들어갈 수 있을까?

통계청이 지난 10월 11일 발표한 '10월 고용동향'에 따르면 15～29세 청년 실업률이 2년 5개월 만에 최저치를 기록했다고 한다. 하지만 정부의 발표를 믿는 이가 없다. 체감실업률이 전혀 나아지지 않았기 때문이다. 아르바이트를 하면서 다른 직장을 구하는 취업준비생과 입사시험 준비생 등 사실상의 실업자를 감안한 체감실업률은 10.5퍼센트로 나타났고 청년 취업자 중 다수가 비정규직이거나 저임금의 불안정한 일자리에 있는 상태다. 청년층 비정규직은 올해 3월 기준 117만 1000명으로 1년 전보다 3만 4000명이나 늘었으며 청년 비정규직 가운데 시간제 근로자는 53만 6000명으로 7만 2000명이나 증가했다고 한다. 이는 취업이 어려운 청년층이 음식점이나 숙박업소 같은 시간제 일자리를 선택하면서 생긴 현상이다. 청년층 가운데 최저임금도 못 받는 근로자는 올 3월 기준 15.6퍼센트로 1년 전보다 1.9퍼센트포인트 증가했다.

이런 현실을 두고 교육이 공정한 경쟁이라거나 모든 아이가 노력만 하면 꿈을 이룰 수 있다고 한다면 새빨간 거짓말이다. 재벌과 노점상이 공정하게 경쟁하면 노점상도 재벌이 될 수 있다는 말과 무엇이 다른가? 교육을 상품으로 만들어놓고서 공정하게 경쟁하면 된다고 우기는 자들은 사기꾼 아니면 사이코패스다. 오늘날 대한민국은 말이 민주주의 국가지, 사실상 계급사회다. 인도의 카스트 제도와 다를 게 없다. 이름만 다를 뿐 성골과 진골 그리고 6두품이 엄연히 존재하는 귀족사회다. 재벌과 기득권층은 귀족이요, 노동자와 노숙자들은 노비와 다를 바 없다.

학교가 학생들에게 비판의식과 사회의식과 민주의식을 함양하게 하거나 현실을 제대로 볼 수 있는 안목을 길러주지 못하는 현실이다. 프랑스처럼 문제를 놓고 자기 생각을 하게 하는 공부가 아니라 답만 찾는 공부, 문제풀이만 하는 공부를 12년간 했으니 어떻게 사고력이나 판단력이 길러질 수 있겠는가?

생각 없는 사람들을 길러내는 불행한 사회다. 자신이 소중하다는 가치와 옳고 그름을 분별할 줄 모르는 사람들이 사는 사회에서, 사이비 정치인과 재벌이 벌이는 광란의 굿판이 그치지 않고 있다. 곡학아세하는 지식인들이 민중을 우롱하는 어지러운 사회다. 민중을 안목

없는 노예로 전락시키는 사이비 언론이 판을 치는 부끄러운 사회다. 우리는 언제쯤 국민이 주인 대접받는 세상을 만들 수 있을까?

사교육 걱정 없는
네덜란드 교육이 부럽다

한국보건사회연구원이 2011년 1월에 발표한 통계를 보면 아이 한 명을 대학까지 보내는 데 드는 양육비가 무려 2억 6200만 원, 유아기 때부터 중·고등학교 다닐 때까지 드는 비용이 1억 7000만 원이란다. 2011년 초·중·고교 학생 사교육비 총액은 20조 1266억 원으로 4대강 사업 총예산 24조 6000억 원, 국방비 29조 원과 맞먹는 액수다. 초·중·고교 698만 7000명이 사교육비로 지출한 총액 중 초등학교 학생 313만 2000명이 부담한 사교육비는 9조 461억 원, 중학교 학생 191만 1000명이 부담한 사교육비는 6조 6억 원, 고등학교 학생 194만 4000명이 부담한 사교육비는 5조 799억 원이었다.

초등학생을 대상으로 한 그 어떤 보습학원도 과외를 하는 곳도 없다. 어린이 사교육은 생각조차 할 수 없는 나라다. 초등학생은 교과서를 집으로 가져오지 않기 때문에 예습·복습을 시켜야 한다는 개념이 애초에 없다. 사교육기관이 없는 건 중고등학교도 마찬가지다. 네덜란드 교육이야기다.

광주 엠비시(MBC) 기자로 근무했던 정현숙 씨가 남편을 따라 네덜란드로 유학 가서 세 아이를 키우며 겪은 경험을 쓴《공교육천국 네덜란드》란 책에 나오는 얘기다. 네덜란드는 산후조리에 드는 비용부터 국가에서 지원해준다고 한다. 2주 동안 국가로부터 지원받는 돈이 약 300만 원이다. 양육비도 지원하는데 2011년 기준으로 0~5세 194.99유로, 6~11세 236.77유로, 12~17세 278.55유로를 석 달에 한 번씩 지급받는다. 장애가 있는 경우 사회보장 시설을 이용하면 두 배 이상 지급해준다고 한다.

네덜란드는 맞벌이 부부가 탁아소나 유아원 비용 때문에 고민할 필요가 없다. 사립유아원은 갓 태어난 아기부터 4세 미만의 아이를 돌봐주는 곳으로 하루 8시간(아침 9시부터 오후 5시까지) 위탁시설에 맡기면 한 달에 150만 원 정도가 들지만, 대부분을 국가가 지원해준다. 부부의 소득에 따라 지원금은 차이가 있으나 맞벌이 부부의 경우 80퍼센트 이상 지원받는다. (위탁비용 정부지원금 사이트 www.toeslagen.nl에서 확인할 수 있다.)

네덜란드에는 초등학교는 물론 중·고등학교도 수업료가 없다. 학교에서 수업 중 사용하는 모든 문구류와 교과서가 무료다. 최근 우리나라는 교과서대금 자율화로 출판업계와 정부가 대립각을 세우는 모습을 보였지만, 네덜란드에서는 부모의 소득에 따라 책값을 지원해준다. 이런 모든 혜택은 합법적인 비자를 받고 네덜란드어로 공부하는 외국인도 똑같이 누릴 수 있다.

학비 걱정은 의무교육 기간이 끝난 대학에 가서도 걱정하지 않아도 된다. 대학생이면 내외국인을 막론하고 누구나 학자금을 최저금리로 지원해준다. 고등학생이라면 누구든지 졸업시험을 앞두고 '공부지원금'을 신청한다. 네덜란드는 모든 대학생에게 매달 공부지원금을 준다. 학생 부모의 소득에 따라 다르긴 하지만 대개 200유로(30만 원)에서 500유로(75만 원) 사이의 돈을 4년간 학생 통장에 넣어준다. 이 때문에 대학이나 전문대학에 자녀를 보내는 부모들은 학비 걱정을 하지 않아도 된다.

네덜란드는 학비 지원뿐 아니라 '학생교통카드'를 이용해 대중교통을 무료로 이용할 수 있으며 의료보험료까지 지원받는다. 네덜란드는 만 18세가 되면 약 100유로 정도의 의료보험료를 내야 하는데, 대학생이 내는 의료보험료의 60퍼센트를 국가가 내준다. 1000만에 육박하는 등록금을 마련하기 위해 아르바이트를 하기도 하고 학자금을 대출받아 신용불량자가 되기도 하는 한국 대학생들의 현실과 비교하면 네덜란드는 그야말로 교육천국이다.

한국에서는 반값등록금 문제조차 해결하지 못하는데 네덜란드는 그 많은 지원을 위한 재원을 어떻게 감당하는 걸까? 네덜란드가 육아의 천국, 교육천국이 된 것은 순전히 세금 덕분이다. 우리나라는 세금을 올린다면 벌벌 떨지만 네덜란드에는 구멍가게에서 파는 물건 하나에도 세금이 무려 19퍼센트나 매겨져 있다.

네덜란드가 육아천국, 교육천국이 된 것은 우연이 아니다. 네덜란드 국민은 간접세의 비율을 높이고 직접세도 전체 소득의 38퍼센트 정도나 낸다. 고소득자의 경우 50퍼센트 이상을 세금으로 내고 있지만, 그 누구도 불평하지 않는다. 연봉 300억 원을 받는 사람이나 시급 5580원을 받는 사람이나 똑같은 세금(간접세)을 내는 우리나라와는 달라도 너무 다르다.

사교육이 뭔지 모르고 태어나 육아지원금이며 공부지원금에 대학생 교통비까지 지원하여 교육 걱정이 없으니 어찌 세금이 아깝겠는가? 교육천국, 네덜란드 교육이 부럽다.

일류대학도 사교육도 등수도 없는 캐나다 교육

국제학업성취도평가(PISA)에서 핀란드 1위, 한국 2위로 결과가 발표되자 한국 교육관계자는 핀란드 교육관계자들에게 말을 걸었다. "허허, 근소한 차이로 우리가 졌습니다." 그러자 핀란드 교육관계자가 허허 웃으면 말했다. "저희가 큰 차이로 앞섰습니다. 핀란드 학생들은 웃으면서 공부하지만, 한국 학생들은 울면서 공부하지 않습니까? 한 명의 낙오자도 없이…."

핀란드 교육만 그런 게 아니다. 대학입학을 위해 전국적으로 시행하는 입학시험도, 수십만 명이 벌이는 정보전도 없는 나라. 대학입학은 개인적인 일일뿐 공공의 관심 사항이 아니라서 입학철이 조용한 나라. 언론이나 뉴스에서 대학입학에 대해 언급도 없는 나라. 고등학교는 의무교육이요, 대학공부를 하는 동안 돈 걱정을 안 해도 되는 나라… 캐나다 교육 이야기다.

《아는 것 같지만, 사실 잘 모르는 캐나다 교육 이야기》란 책을 보면 어쩌다 우리나라가 이 지경이 되었나 하는 분노와 함께 한숨이 나온다. 수학능력고사를 치르는 날이 되면 비행기 이착륙 시간까지 통제하며 전시작전 상황을 방불케 한다. SKY 대학 입학을 위해 목숨을 거는 전쟁, 누가 어느 대학을 들어가느냐 여부로 사람의 가치까지 달라지는 나라, 졸업장 하나로 평생을 우려먹는 이상한 나라가 대한민국이다.

캐나다는 어떨까? 일류대학이란 구분이 없으니 사교육이나 입시 전쟁이 있을 리 없다. 객관식 시험이 없고 비교할 등수를 매기지 않으니 누구보다 얼마나 더 잘하느냐를 서열로 매길 수 없는 나라가 캐나다다. 그렇다고 공부를 잘하는 학생, 못하는 학생 구분이 없는 건 아니다. 등수는 아니지만 개인별 점수가 있어서 공부를 열심히 하는 학생들의 실력은 어느 나라에 뒤지지 않는다.

의무교육인데도 고교 졸업률이 81퍼센트인 나라. 많은 학생이 대학에 가지 않는 이유는 고등학교만 나왔다고 해서 차별하지 않기 때문이다. 대학에 가도 성적이 떨어지면 졸업할 수 없으니 열심히 공부하도록 제도적인 장치가 마련되어 있다.

대학입학은 공부를 잘한 사람만을 선발하는 것이 아니라 앞으로 공부를 많이 할 사람을 뽑는 과정이다. 고등학교까지 배운 지식은 어느 수준만 되면 다를 게 없다. 인터넷 검색을 하면 1초 만에 나오는 것들을 몇 개 더 알거나 수학문제 한두 개 맞힌 것이 우수한 대학의 선발 기준이 되는 것은 바람직하지 않다. … 그 대학을 졸업해 사회에 나갈 인재로서 인성과 덕목을 갖추었는지가 선발과정에서 중요하다. 앞으로 학교를 빛내고 사회에 이바지할 인재를 찾아내는 것이 입학사정관의 중요한 안목이다.

— 박진동·김수정,《아는 것 같지만, 사실은 잘 모르는 캐나다 교육 이야기》중에서

이렇다 보니 학생을 선발하는 기준이 무엇일까 궁금해진다. 내신성적과 작문, 자기소개서, 추천서 등을 보고 합격, 불합격을 결정한다. 객관적이고 합리적인 잣대가 공개되지 않아 문제제기라도 할라치면 '우리 학교에 들어올 학생을 우리 맘대로 뽑는데 왜 그것에 이의를 제기 하느냐?'는 게 대학의 태도다.

캐나다는 전공 변경에도 참 개방적이다. 마치 온라인 쇼핑에서 물건을 샀다가 취소하는 것처럼 간단하다. 더구나 대학 간 전학이 가능하다. 입학시험이 없는 것처럼 편입학을 위한 시험도 없다. 편입하기를 원하는 학과에 편입 신청을 하면 그 학교 학과에서 공부를 잘할 것 같다고 판단할 시 편입이 허용된다. 캐나다 학생들은 공부를 못해 성적이 떨어지면 졸업을 할 수 없으니 억지로 좋은 대학에 들어가려고 하지 않는다.

'평등교육'을 말하면 좋아하지 않는 사람들이 있다. 내 아이는 공부를 잘하는데 '왜 똑같이 취급하는가?'라는 부모들의 생각 때문이다. 핀란드나 캐나다의 부모라고 예외는 아니다. 그런다면 어떻게 평준화가 가능했을까? 핀란드나 캐나다의 교육철학은 기계적인 평등이

아니라 '모든 사람을 공정하고 포괄적으로 존중하여 대우하는 상태나 조건(Equity)'을 의미하기 때문이다. 모든 학생이 상위학교로 진학하기 위해 적절한 교육을 받을 권리가 동등하게 적용되는 교육. 학생의 성적에 관계없이 모든 학생이 사회에서나 집에서나 똑같이 소중한 존재로 보는 것이 캐나다 교육당국의 교육철학이다.

개성과 소질이 다른 학생에게 똑같은 내용을 가르쳐 시험을 치르게 하고 한 줄로 등수를 매긴다는 것은 참으로 교육적이지 못하다. 이것이 누구에게나 평등하게 맞춤 교육을 하는 이유다. 고로 캐나다의 고등학교나 대학이 평준화되어 있는 것은 일괄적으로 똑같아야 한다는 절대적 평등이 아니라 누구에게나 기회가 열려 있는 공정한 평등이다. 캐나다에도 우열반이 없는 건 아니지만, 실력이 모자라면 지원하지 않는다.

캐나다 교육은 우리가 보기에 이상적인 모습에 가깝다. 캐나다에서는 어떻게 이런 교육이 가능할까? 한마디로 말하면 교육을 바라보는 관점의 차이 때문이다. 우리는 교육을 상품으로 보고 공급과 수요의 개념에 따라 경제력이 교육의 질을 결정하지만, 캐나다는 사교육으로 승자가 결정되는 구조가 아니다. 그곳에서는 교육을 상품이 아닌 물과 공기와 같은 공공재로 본다. 학생 각자의 능력에 따라 교육받을 수 있는 권리를 정부가 제도적으로 마련해둔 것이다.

승자와 패자가 모두 즐겁게 배울 수 있는 학교. 개념을 이해시켜 저절로 알도록 하는 수학교육이며 사교육을 받지 않고서도 얼마든지 좋은 대학에 갈 수 있는 나라. 국적을 가진 국민이라면 누구든지 소득에 따라 보조금을 받을 수 있는 나라. 상대를 이겨야 하는 경쟁이 아니라 자신의 소질과 능력에 따라 배우고 실력을 발휘할 수 있도록 교육제도가 정착된 나라가 캐나다다. 우리는 왜 불가능하다고만 생각할까?

참교육 실천에 합법, 불법이 상관있습니까?

"선생님!"

수갑을 찬 것도 모자라 포승줄에 칭칭 묶여 검사실로 조사를 받으러 간 나에게 느닷없이 여직원이 한 말이다. 선생님이라니? 여기가 어딘데 나를 선생님이라고 부르나…. '나를 보고 한 말이 아니겠지?' 하고 생각하면서도 소리 나는 쪽을 쳐다봤다.

나와 똑같은 모습으로 조사를 받던 한 사람이 머리가 허연 남자가 들어오는 걸 쳐다보고는 마찬가지로 "선생님!" 하며 의자에서 벌떡 일어서며 어쩔 줄을 몰라 한다.

검사실에서 타이피스트(Typists)로 일하고 있던 직원도, 수갑을 차고 조사를 받고 있던 피의자도, 내가 근무한 학교의 졸업생이었다. 자신이 졸업한 학교 선생님이, 그것도 수갑을 차고 포승줄에 묶여 나타났으니 놀라지 않을 수 있었겠는가?

검사실에 타이피스트로 취업해 있던 제자는 울며 어쩔 줄 모르다

사무실을 뛰쳐나갔다. 수갑을 차고 포승줄에 묶인 채 조사를 받던 제자는 나를 쳐다보며 눈물만 흘리고 있었다. 나중에 안 일이지만, 이 제자는 노동운동을 하며 《미제침략사》라는 책을 소지했다는 이유로 국가보안법상 이적단체 '찬양·고무' 혐의로 끌려와 조사를 받고 있었던 것이다.

벚꽃이 한창 흐드러지게 핀 3월 어느 날. 당시 전교조 경남지부장 이영주 선생님과 부지부장 안종복, 사무국장 이인식, 감사위원장을 맡고 있던 나, 이렇게 네 사람은 창원경찰서 지하 유치장으로 끌려가 알몸수색까지 당하고 수감됐다. 학기가 시작된 1991년 3월. 67명의 해직교사를 비롯한 전교조 교사와 현직 교사들이 고영진 경남교육감에게 산적한 교육문제 해결과 비리 척결을 요구하며 대화를 하자며 경남도교육청을 찾아간 게 화근(?)이었다.

고영진 당시 경남교육감은 대화는커녕 교사들이 파렴치범이나 폭력배라도 되는 듯 경찰을 불러 진압하라며 고발까지 했다. 갑자기 들이닥친 경찰 앞에서 맨손으로 찾아간 우리는 팔을 비틀리고 허리가 꺾인 채 창원경찰서 지하 유치장에 처넣어졌다. 3월이라고는 하지만 지하실의 추위에 몸이 움츠러들었지만, 그런 분위기에 아랑곳없이 누구 하나 두려워하거나 의기소침해 하는 사람이 없었다. 교도소로 이감된 우리 네 사람은 수갑을 차고 포승줄에 묶인 중죄인의 모습으로 조사를 받는 과정에서 제자들을 만난 것이다.

전교조 출범과 관련된 비사를 말하려면 밤을 새워도 다 못 한다. 1989년 여름. 전교조에 가입한 뒤 탈퇴 각서에 도장을 찍지 않는다는 이유로 해직된 교사들…. 전교조를 지켜야 한다는 선생님들의 열정은 불볕더위보다 더 뜨거운 분노가 되어 명동의 단식농성장으로 몰려들었다. 아이들 앞에서 10월 유신으로 불의한 사회에 침묵하는 게 미덕이라는 거짓말을 더는 할 수 없다며 떨쳐 일어난 것이다. 민족의 반쪽을 적으로 취급하는 반교육, 반통일 교육을 할 수 없다며 전교조는 결성됐고, 그렇게 전교조는 지켜졌다.

빛과 어둠은 공존할 수 없기 때문일까? 광주 시민을 학살하고 정권을 장악한 노태우 군사정권은 전교조라면 이를 갈았다. 옳은 것을 옳다 하고 틀린 것을 틀렸다고 가르치겠다는 전교조는 군사정권이 보기에 눈엣가시였다. 탈퇴 각서에 도장을 찍지 않겠다는 1600여 명의 전교조 조합원 교사는 정당한 절차도 없이 중죄인이 되어 끌려가고 짓밟힌 채 교단에서 쫓겨나 거리의 교사가 되어 학교민주화, 사회민주화를 위해 고군분투했다.

폭력을 당하면 두려워하고 물러서는 게 인간의 보편적인 심리다. 하지만 전교조 교사들은 두려움이 없었다. 파면당하고 감옥에 갇히고 짓밟혀도 물러설 수 없었던 이유는 아이들에 대한 믿음과 사랑 때문이었다. 교사이기 때문에 양심을 지켜야 하고, 교사이기 때문에 거짓을 말할 수 없다는 신념. 그것이 우리를 지키는 힘이요, 신앙이었다.

참으로 순진한 선생님들이었다. 정직과 근면과 성실을 가르치던 선생님들이었기에 부당한 권력 앞에서 물러서지 않았고 부끄럽지 않은 일이기에 당당했던 것이다.

광주 시민을 학살하고 권력을 장악한 군사정권은 제자들 앞에서 정의를 가르치고 진실을 말할 수 있게 해야 한다는 교사들의 요구에 대해 파면과 직권면직으로 대응했다. 하지만 온갖 탄압과 억압을 이 겨내고 지켜낸 전교조는 1999년 합법화된 이후에도 참교육이라는 꿈을 실연하기 위해 학교 운영의 투명화와 교내 민주화 실현을 위해 혼신의 노력을 아끼지 않았다.

경쟁과 통제 위주의 교육정책에 맞서 교육관계법 개정과 정책개 발, 사학민주화투쟁, 그리고 교육 대안을 마련하고자 오직 한 길을 걸 어왔다. 이러한 전교조의 노력으로 학교 현장에서 촌지문화가 사라 졌고, 채용기부금 근절운동을 벌여 사립학교법 개정을 이뤄내기도 했다. 수업의 혁신을 추구하는 혁신학교 또한 전교조 교사들이 주축 이 되어 이뤄낸 최근의 성과다. 그밖에도 학교 현장의 권위주의 척결 을 비롯해 심야자율학습 금지 등 강제적인 보충·자율학습 폐지도 전 교조가 노력해 이룩한 성과다.

태생적인 한계를 안고 있는 새누리당과 박근혜 정부는 처음부터 전교조와는 공생할 수 없는 관계였다. 1999년 교원노조가 합법화된 지 15년. 26년을 지켜온 전교조. 박근혜 정부는 그들의 이해관계에 배치된다는 이유로 또 다시 불법이라는 딱지를 붙여 전교조를 내몰 았다. 조합원 9명의 자격을 운운한 것은 전교조를 해체하기 위한 명 분 쌓기에 불과했다. 박근혜 대통령이 전교조를 거리로 내몰려 한 것 은 그의 아버지 박정희가 이루지 못한 꿈을 이루기 위해서였을까? 4.19 혁명정부를 무너뜨리고 집권한 뒤 영구집권을 꿈꾸며 유신헌법 을 제정한 박정희 정권이 전교조의 민주화투쟁을 곱게 볼 리 없었다.

그런 아버지의 유산을 고스란히 물려받은 태생적 한계를 안고 있는 박근혜 정부는 결국 전교조를 '법외노조'로 만들고 말았다.

이명박 정부도 감히 못한 전교조 축출을 박근혜가 한 것이다. 잠깐 승리에 취해 회심의 미소를 지었을지 모르지만 착각은 자유다. 2015년 5월 고용노동부로부터 법외노조 통보를 받은 전교조가 법원의 파기환송심 선고 전까지 합법노조 지위를 유지하게 되었기 때문이다. 서울고등법원 행정10부는 11월 16일 전교조가 법외노조 통보의 효력을 정지시켜달라며 고용노동부를 상대로 낸 신청을 받아들였다.

앞으로 전교조는 어떻게 될까? 1600여 명의 교사가 해직되면서까지 지켜낸 전교조가 정부의 탄압으로 무너질 것인가? 단언컨대 전교조는 절대로 무너지지 않는다. 전교조가 추구하는 참교육은 합법이면 하고 불법이면 하지 않는 목표가 아니기 때문이다. 전교조는 정권의 탄압이라는 위기를 기회로 삼아 사랑하는 아이들 곁으로 한 발 더 다가서는 계기로 삼을 것이다. 그것이 교육자의 길이요, 제자 사랑의 실천이기 때문이다.

전교조 교사가 왜 정치적인지 아세요?

"전교조는 창립 당시에는 권위주의적 학교문화를 타파하고 학생 체벌과 교장의 권위주의적 학교행정, 촌지문화 등을 개선하고 교사·학생의 인권 신장에 크게 기여했다. 그런데 날이 갈수록 전교조는 헌법이 규정하고 있는 교원의 정치적 중립을 외면하고 시국선언에 동참하고 반정부 집회에 참여하는 등 정치적인 성향을 노골적으로 드러내고 있다."

　　　　　　전교조를 좋지 않게 보는 사람들이 하는 말이다. 전교조를 비방하는 사람들이 가장 많이 하는 소리가 "전교조는 초심으로 돌아가라"는 말이다. 그들은 선생이 아이들이나 가르치지 왜 정치적인 집회에 참석하고 순진한 아이들에게 정치를 말하느냐고 한다. 폐일언하고 이런 사람들에게 묻고 싶다. 오늘을 사는 우리가 정치를 떠나서 단 하루라도 살 수 있느냐고 말이다. 먹는 것, 입는 것, 잠자는 것에서부터 생필품을 구입하고, 차를 타고 다니며 사람들과 만나 대화하는 일상의 하나하나 중 정치적이지 않은 것인 무엇인가라고 말이다.

　우리의 삶에 가장 직접적인 영향을 주는 물가가 그렇고, 길을 갈 때 지켜야 하는 도로교통법이 그렇고, 생필품의 가격에서부터 유통기한까지 모두가 법에 의해 규정되고 합법적인 질서에 의해 유지된다. 학생들의 급식을 위해서 급식조례가 제정되어야 하고, 학생들의 인권을 존중하는 사회로 나아가기 위해 학생인권조례를 만들어 그들의 권익이 보장받을 수 있도록 해야 한다. 학생들이 좋은 환경에서 공부하려면 교육예산이 풍족해야 하지 않을까? 학교의 환경을 개선하고 교육 여건을 신장하려면 교육예산을 얼마나 더 확보하고 어디에 분배하는지가 중요하다. 이 모든 게 아무렇게나 되는 일이 아니다. 정해진 절차와 합리적인 의사결정에 따라 되는 일이다. 먹고 입고 자고 생활하는 모든 것, 즉 우리의 일상과 정치를 구분하는 것은 불가능하다.

생각해보자. 학생들이 어떤 대접을 받거나 말거나 교실 안에서 정부가 만들어준 교과서만 앵무새처럼 가르치는 게 교육자로서 존경받을 일인가? 독재자들은 전교조는 교사로서 해서는 안 되는 데모를 한다고 윽박지르지만, 학생을 진정으로 사랑하는 교사라면 정치적이어야 한다. 아이들이 올바른 사회에서 올곧은 삶을 살도록 안내해야 할 교사가 세상과 담쌓고 고고하게 책이나 외워 점수나 매기고 있다면 어찌 직무를 다하고 있다고 할 수 있겠는가?

역대 독재정권은 교사들이 어떤 사람이기를 원했을까? 일제강점기 교육의 목적은 황국신민화였다. 조선 사람을 일본 사람으로 만드는 것, 그것이 바로 식민지 교육이었다. 그 시기 일제는 교사들로 하여금 일본이 만들어준 교과서를 학생들에게 열심히 가르치도록 했고, 아무런 저항 없이 그 임무를 수행하는 사람을 훌륭한 교사로 인정했다. 하지만 양심 있는 교사라면 피지배 국민에게 어떤 형태로든 민족의식을 일깨워야 하지 않을까?

박정희는 유신헌법을 제정한 뒤 이를 한국적 민주주의라고 가르치라며 강압했다. 그들이 만들어준 국정교과서를 열심히 가르치기만 하는 이가 과연 훌륭한 교사였을까? 박정희를 비롯한 독재자들은 학생들에게 정치의식, 민주의식을 가르치지 못하게 막으려 했다. 사리판단이 분명하고 시비를 가릴 줄 아는 비판능력이 있는 사람을 길러내는 교육을 원치 않았기 때문이다. 시키면 시키는 대로 잘 따르는 사람, 비판의식이 거세된 사람, 품행이 방정하고 성실·근면한 사람을 모범적이라고 보고 그런 인간 군상을 길러내기 원했던 것이다.

불의를 보고 방관하는 자는 기회주의자거나 이기주의자다. 내게 이익이 되는 것만 선이라고 가르치는 교육은 비민주적인 반교육이다. 복잡한 세상을 바르게 살아가기 위해서는 돈이나 건강도 필요하지만, 사리를 분별할 줄 아는 판단력을 갖추도록 가르치는 게 무엇보다 중요하지 않을까?

오늘날 무한경쟁을 가속화하는 자본주의는 비판의식이나 정치의식이 거세된 사람을 원한다. 돌아보면 엄혹했던 시절, 학교가 '근면, 정직, 성실한 사람'을 추어올리던 이유도 알고 보면 자본의 논리와 무관하지 않다. 정치의식이나 민주의식이 없는 학생이 어떻게 사회로 나가 주권을 제대로 행사하며 민주시민으로 당당하게 살아갈 수 있겠는가?

아이들을 사랑하는 참교사라면 그들이 살아갈 세상에서 사람답게 살 수 있도록 여건을 만들어줘야 한다. 사랑하는 제자들을 위해 '열심히 일하면 행복하게 살 수 있을 것'이라는 가장 기본적인 희망이 있는 세상을 만들기 위해 사회적인 목소리를 내는 것이 왜 욕먹을 일인가? 교사에게 정치를 말하지 말라는 것은 교육을 포기하라는 것과 무엇이 다른가?

자유학기제,
원론은 옳지만 각론이 틀렸다

박근혜 정부의 교육공약 핵심인 자유학기제가 시행되었다. 자유학기제는 2013년에 42개(1.3%) 학교, 2014년에 811개 (25%) 학교, 2015년도에 2551개 학교(80%)로 늘어나 2016년부터는 전국 3204개 중학교에서 전면 시행될 예정이다.

적성에 맞는 자기계발 및 인성 함양, 만족감 높은 행복한 학교생활, 공교육 신뢰회복 및 정상화를 위해 시행한다는 게 자유학기제의 골자로, ● 교육과정 20퍼센트 내 탄력적 운영, 기본 교과과정 축소(57~ 66% 주당 19~22시간), 자율과정 확대(34~43%, 주당 12~15시간) ● 중간·기 말고사 미실시, 고입 내신 미반영, 학교별 형성평가 실시 ●인프라 구축(중앙 및 시도별 자유학기제 지원센터, 학교별 자유학기 후원단 운영, 체험기관과 학교연계) 등이 시행방안이다.

다시 말해 자유학기제란 공부와 시험 부담에서 벗어나 학생이 스스로 미래를 탐색하고 진로를 설계할 수 있도록, 중학교 한 학기 동안 지필시험을 보지 않으며, 교과별 특성에 맞는 체험과 참여 위주의 수업이 가능하도록 교육과정을 유연하게 운영하는 제도를 말한다. 참고서가 없어도 교과서만 있으면 충분한 학습이 가능하도록 하겠다는 '교과서 완결학습체제'이기도 하다. 이러한 교과서는 개발 절차를 거쳐 2016년부터 시범 도입되고 중학교 사회, 과학, 영어 과목에 대해서는 다양한 콘텐츠 활용이 가능한 디지털 교과서를 도입하게 된다.

꿈이란 클수록 좋다고 했던가? 하지만 박근혜 정부가 꾸는 꿈은 '꿈'이 아니라 실현 가능성이 없는 '공상'에 불과하다. 자유학기제가 공상이라는 감을 지울 수 없는 이유는 다음과 같다.

첫째, 서열화된 학교, 상급학교 진학이 교육의 목적이 된 나라에서 '적성에 맞는 자기계발 및 인성 함양'이 가능할까? 교과별 특성에 맞는 체험과 참여 위주의 수업을 하려면 사회적인 인프라 구축이 먼저다. 교육부는 시·도교육청이 지자체와 협력하여 대학, 기업, 공공기관 등 지역 내 인적·물적 자원을 적극 활용하는 등 시·도 안팎의 인프라를 학교가 쉽고 원활하게 활용할 수 있도록 지원하겠다고 밝혔지만, 한두 학교가 아닌 전체 중학생이 한꺼번에 사회로 쏟아져 나오는데 이를 수용할 시설을 어떻게 구축하겠다는 것인가?

둘째, '만족감 높은 행복한 학교생활'이 지금과 같은 학교에서 가능하겠는가? 학생들이 가고 싶은 학교, 하고 싶은 공부는 자신이 원하는 교육을 받을 수 있을 때 가능하다. 그런데 현실은 어떤가? 참여·활동 중심의 학습을 통해 학교생활의 만족도를 높이려면 학교는 지식주입 교육이 아니라 진로에 대한 다양한 비전이 마련되어 자발적인 학습동기가 주어져야 하건만, 단순히 기본교육과정을 20퍼센트 내에서 축소해 탄력적으로 운영하는 것으로 학교생활이 갑자기 만족감이 생기는 행복한 학교가 될 수 있다고 본다면 이는 지나친 착각이다.

셋째, '공교육 신뢰회복 및 정상화'는 토론, 실험·실습, 프로젝트 활동이나 교수·학습 자료만 개발, 보급한다고 가능한 게 아니다. 중간·기말고사 등 특정 기간에 모든 학생을 대상으로 시행하는 지필시험을 치르지 않겠다지만, 2학년이나 3학년으로 진급하면 전국단위 일제고사를 비롯한 서열화가 기다리고 있는 상황에서 1학기 시험을 치르지 않는 것으로 학생들의 꿈과 끼를 살리겠다는 것은 지나가는 소가 들어도 웃을 일이다.

더구나 교육부가 마련하겠다는 교육지원청에서 지역사회 인사의 특강을 위한 인력풀 마련이나 도서관, 미술관, 박물관, 과학관 등 학교와 가까운 현장에서 학생들의 체험활동이 이뤄질 수 있게 지원하겠다는 계획도 실현 가능성과 효과가 극히 낮아 보인다. 특히 관련 인프라가 부족한 농어촌 학생들을 위해 원거리 기관 방문을 위한 차량지원, 학교와 기관 결연 등 인프라 매칭을 지원하고, 도시(학교, 기업 등)와 농어촌 학교 간의 실질적인 연계 등을 지원하는 계획에 이르면 실소를 금할 수 없다. 자유학기제는 진로탐색, 다양한 예술 및 체육활동, 선택 프로그램으로 세분화되어 있으나, 현재 진로탐색을 위한 체험장의 경우 공공기관에 집중되어 애초 취지를 살리기에는 역부족이다. 자칫 '중학생 대이동'이 야기할 혼란을 생각하면 걱정이 앞선다.

교육부가 진정으로 아이들의 꿈과 끼를 살리겠다면 성적으로 줄세우는 교육부터 포기해야 한다. 1등 대학, 2등 대학에 들어가는 것이 아니라 자신이 배우고 싶은 공부를 하고, 원하는 직업을 선택해도 사람대접 받을 수 있는 차별 없는 사회적 여건을 마련해야 한다. 우수한 학생을 뽑아 좋은 대학에 넣어도 고시준비, 취업준비 하기에 바쁜 학생들을 양산하는 마당에 어떻게 한 학기에 불과한 자유학기제로 아이들의 꿈과 끼를 제대로 살릴 수 있을까? 교육부가 공상에서 깨어나지 못하면 아이들의 꿈과 끼를 탐색하고, 핵심역량을 함양하는 교육은 불가능하다고 본다.

고교 연간 학비 5700만 원, 믿어지세요?

2015년 현재 전국 4년제 대학 일반대학들의 연간 평균 등록금이 667만 원으로 조사되었다. 그렇다면 고등학교 공납금이 5700만 원이라면 믿을 수 있겠는가? 대학 평균 등록금의 8.5배에 달하는 실로 엄청난 금액이다. 국회 교육문화체육관광위원회 소속 민주당 박홍근 의원이 교육부로부터 제출받은 자료에 따르면, 제주의 국제학교 'BHA Asia'는 고등학교 과정 기준으로 1인당 연간 5700만 원에 달하는 학비를 받는 것으로 나타났다. 다른 국제학교들도 사정은 다르지 않았다. 'NLCS 제주'가 5600만 원, '대구국제학교'가 4322만 원, '채드윅송도'가 4140만 원(급식비 제외), '한국국제학교'가 3680만 원(중학교 과정) 등으로 높은 학비를 요구하는 것으로 드러났다.

해외로 빠져나가는 조기유학 수요를 흡수하고 국내에 사는 외국인 학생을 유치하겠다고 세운 게 국제학교다. 현재 제주도에 3곳, 인천 송도와 대구에 1곳씩, 모두 5개 학교가 2010년 이후 설립되었다. 교육부가 국회에 제출한 〈국제학교 운영현황〉에 따르면 5개 국제학교 중 개교 3년이 넘도록 정원의 40퍼센트밖에 채우지 못한 학교가 있는가 하면 외국인 학생이 전체 학생의 평균 12퍼센트 수준에 머물고 있는 학교도 있다. 제주 국제학교의 경우 4.7퍼센트다.

국제학교는 우리나라에서 설립되어 운영하고 있지만 우리나라 교육과정과는 무관하다. 국어·국사를 제외한 모든 수업을 영어로 진행하고 있다. 이런 국제학교는 다른 외국인 학교와 다르게 특혜가 이만저만이 아니다. 전국에 외국인 학교가 50곳이 있다. 국제학교는 외국인 학교와 달리 외국의 본교는 물론 국내 학력까지 인정받아 고교 졸업 후 해외 대학이나 국내 대학 어디로나 진학할 수 있는 특혜를 누리고 있다.

경제자유구역인 송도와 대구의 국제학교는 내국인 학생 비율이 정원의 30퍼센트를 넘을 수 없으나 제주특별자치도에 설립된 국제학교의 경우 내국인 입학 제한이 없다. 사실이 이런데도 제주의 국제학교 3곳은 정원의 42퍼센트밖에 학생을 채우지 못하고 있는 실정이다.

공납금이 연간 5700만 원에 달하고 교육과정을 외국의 학교처럼 영어로 진행하는 학교에 내국인의 자녀가 입학할 수 있다면, 이는 사실상 특권 계급을 길러내는 귀족학교에 다름 아니다. 전체 학생의 평균 12퍼센트밖에 정원을 채우지 못하는데도 특구 안에서 이런 학교를 얼마든지 설립할 수 있게 되었다. '교육국제화특구법'이 국회를 통과했기 때문이다.

이 법에 따라 교육부가 발표한 '교육국제화특구 육성계획'을 보면 기존의 국제중학교뿐 아니라 사실상 국제초등학교도 설립할 수 있다. 여기에 국제고, 자사고, 외국인 학교 설립이 자유롭게 허용되어, 특구사업은 교육국제화 선도모델을 창출한다는 빌미로 특권학교 특구로 자리 잡을 전망이다. 교육부의 종합계획과 교육국제화특구법에 따르면, 특구의 초·중·고는 현재의 국제중보다 더 많은 영어몰입교육을 할 수 있도록 허용하고 있다.

국제중학교는 일반 중학교 교육과정 범위 내에서 영어몰입교육을 진행하는 반면 특구의 초·중·고는 초·중등교육법상 국가수준 교육과정 적용을 배제하여 정규 교육과정 자체를 외국어 교육으로 확대 운영할 수 있다. 따라서 특구의 초·중·고는 사실상 외국어초등학교, 외국어중학교, 외국어고등학교의 기능을 수행할 것으로 보인다.

특권경쟁 교육정책은 중단해야 한다. 현재 국제중 등 특권학교 폐지 법안이 제출되어 있는 상황에서 '교육국제화특구법'이 시행되면 명문 초·중·고 육성을 통해 지역 특수를 노리려는 지자체들의 왜곡된 이해관계가 맞물려 다른 지역과 심각한 괴리 현상과 갈등이 야기될 것이다.

교육국제화특구 육성계획에 따른 '국제화 자율 시범학교'는 국제 초·중·고의 또 다른 표현일 뿐이며 선별적 글로벌 인재를 양성하겠다는 의도밖에 안 된다. 결국 또 다른 제2, 제3의 국제학교로 영어몰입교육과 명문대 진학을 위한 학교로 변모하게 될 것이다. 현대판 특구와 특권계급을 양성하는 '국제중 및 교육특구화정책'은 폐기되어 마땅하다.

인성교육,
국가가 하면 잘할까?

상식이 통하지 않는 세상이다. 어느 것 하나 정상으로 돌아가는 게 없다. 갈수록 태산이라더니 정치, 경제, 사회, 문화, 종교에 이르기까지 순리가 통하지 않는다. 힘의 논리, 상업주의 논리가 판을 치는 세상이다. 순리나 원칙을 지키는 사람이 오히려 이상한 사람 취급을 받는다. 사람을 사람답게 키워내야 할 학교는 어떤가? 학원으로 전락한 학교가 인성교육을 별도로 하겠다고 한다.

법이 정한 인성교육이란 "자신의 내면을 바르고 건전하게 가꾸고 타인·공동체·자연과 더불어 살아가는 데 필요한 인간다운 성품과 역량을 기르는 것을 목적으로 하는 교육"을 말한다. 학교가 얼마나 교육을 못 했으면 '인성교육진흥법'까지 만드는 상황이 되었을까?

하지만 정부가 하는 일을 보면 참 이해가 안 된다. 체육교육을 강화한다고 체육교육진흥법을 만들고, 폭력을 예방한다고 학교폭력예방 및 대책에 관한 법을 만들고, 교권이 무너졌다고 교권보호법을 만들더니 급기야 인성교육을 강화한다며 인성교육진흥법까지 만들었으니 말이다. 이렇게 하면 위기에 처한 학교가 정상적인 학교가 될 수 있을까?

자고로 윗물이 맑아야 아랫물이 맑다고 했다. 인성교육법만 해도 그렇다. 세상이 온통 진흙탕인데 학생들에게 인성교육진흥법이 제정되었으니 그에 따라 인성을 평가하고 그 점수로 서열을 매기면… 과연 인성을 제대로 갖춘 반듯한 인간을 길러낼 수 있는 걸까?

주객전도도 이만하면 수준급이다. 학교에서 교사가 처리해야 할 공문이 하루 평균 80건, 한 달 평균 1600~1700건에 달한다. 학교 선생님들은 폭력예방을 위한 공문처리를 하느라고 학생상담이나 인성교육 지도를 할 시간이 없는데, 그런 현실을 방기한 채 인성교육을 위한 법만 만들면 학생들의 인성이 저절로 길러지는가?

교육부는 지난 1월 70개 문항으로 이뤄진 '인성평가 자가진단법'을 내놓았다. '자기존중' 평가문항은 다음과 같다.

— 나는 나를 자랑스럽게 생각한다.

— 나는 내가 꽤 괜찮은 사람이라고 생각한다.

— 나는 나 자신을 아끼고 소중히 여긴다.

— 나는 현재의 나에 대해 만족한다.

— 나는 내가 잘 될 것이라고 생각한다.

— 나는 장래에 내가 하고 싶은 일을 잘 할 수 있다고 생각한다.

— 나는 어려운 일도 잘 해낼 수 있다고 생각한다.

이에 대해 "전혀 아님, 약간 아님, 보통, 약간 그럼, 매우 그럼" 중에서 자신의 상태를 체크하게 한다. 이런 자가진단법으로 제대로된 인성교육이 될 리 만무하다. 그런데 교육부는 한 술 더 떠서 '인성주간'을 선포하고, '부모님과 함께 아침식사 하기' '인성독서' 캠페인까지 벌이고 있는 실정이다.

2014년 발의된 인성교육진흥법이 2015년 7월 21일 시행령 발표로 본격적으로 시행되었다.

교육부는 초·중등학교의 교육 운영 및 대학의 대입전형 과정에 인성 항목만을 별도로 계량화해 평가하거나 독자적인 전형요소로 반영해서는 안 된다고 밝혔지만, "현행 학생부 종합전형 서류 면접평가 과정에서 이뤄지는 인성에 대한 평가는 대학의 자율적인 판단"에 맡기기로 하면서 대학별로 맞춤형 사교육이 이뤄질 가능성을 배제할 수 없는 상황이다. 교육부가 방침을 밝히기 바쁘게 사교육 업체에서 인성교육 특강을 마련하고 교육부 인증을 받기 위해 '인성 프로그램'을 개발하고 있다. 대학과 기업체 또한 입학과 채용에 인성을 평가·반영하겠다고 나서고 있다. 《경향신문》 보도에 의하면 "2017학년 입시에 보육·사범대학 중심으로 학교생활기록부에 기록된 인성 발달 사항을 반영하고… 전문대학 입시에서도 인·적성을 평가하는 '비교과전형'으로 선발하는가 하면… 대입 수시모집에 '인성면접'을 신설하기로 한 대학도 등장"하고 있는 실정이다. 이 때문인지 인성교육진흥법이 시행되고 난 후 인성지도사 자격증이 남발되고 학생들이 개인 과외를 받는 등 이상 열풍마저 감지되고 있다.

인성교육을 못 해 교육 위기가 나타난 게 아니다. 오히려 학교의 교육과정을 정상화하면 인성교육법, 학교폭력 예방법, 교권보호법 등을 따로 만들 이유가 없다. 입시교육에 치우쳐 학교를 만신창이로 만들어놓고는 애먼 인성교육 타령을 하고 있다. 2013년 시·도 교육청 학교폭력 부문 평가에서 1위를 차지한 대구교육청이 실제로는 학교폭력 심의건수나 가해·피해 학생이 전국에서 가장 많았다는 사실은 무엇을 말하는가? 학교와 관련된 평가란 이렇게 공문 따로 교육 따로 굴러가는 현실이다. 상황이 이러한데 학생들의 인성을 평가해서 서열화하겠다니 얼마나 황당하고 무모한 일인가?

학생자살, 학교폭력, 탈학교 문제, 인성교육 문제 등은 모두 학교가 공교육을 정상화하지 못했기에 나타난 결과다. 학교가 교육을 정상화할 수 있도록 경쟁 중심의 입시 문제만 개혁한다면 인성교육을 따로 할 필요가 없다는 것은 상식에 속한다. 교육부가 '바담 풍' 하면서 학교더러 '바람 풍' 하라는 것이 말이 되는가? 교육부가 바뀌지 않고서 공교육의 정상화를 논하는 것은 어불성설이다.

교사까지 병영체험, 군사대국 꿈꾸나?

'군대 갔다 오면 사람 된다'는 말이 있다. '말썽 부리고 반발하고 부모를 우습게 알던 아들이 군대 가더니 딴사람이 되어 돌아왔다'며 좋아하는 부모들이 있다. 과연 그럴까? '군대 갔다 오면 사람 된다'는 말은 고생을 모르고 자란 자녀가 부모와 헤어져 살며 철이 든 것이지 군대에 갔기 때문에 달라진 게 아니다. 순진한 젊은이가 강제와 폭력에 복종하도록 인간성이 바뀌었다는 게 달라졌을 뿐이다.

그래서일까? 군사문화의 향수를 지우지 못하는 나이든 어른 중에는 '고생을 해봐야 사람이 된다'느니 '맞아야 철이 든다'느니 하면서 군사문화를 동경하는 사람도 없지 않다. 아버지의 유산을 물려받은 박근혜 대통령의 정체성 때문인지 박근혜 정부 출범 후 병영체험 캠프가 성행했다. 중·고생에 이어 어린 초등학생까지 병영체험을 시키더니 급기야 교사들까지 병영체험을 시키겠다고 안달이었다.

2013년 7월 22일 《한겨레》가 보도한 〈'해병 캠프 참사' 얼마나 됐다고… 교사들까지 '반강제 병영 캠프'〉라는 기사를 보면 충북 충주교육지원청이 "교직원의 국가 안보관 확립은 물론 나라사랑 의식 함양을 위한 나라 사랑캠프를 추진한다"며 1박 2일의 캠프 관련 내용을 담은 공문을 교육청 산하 유·초등학교 40곳, 중학교 19곳 등에 보냈다.

'학교별 1~4명씩 참가를 권유'한다는 내용이지만 교육청이 학교에 인원수를 정한 공문을 보낸 것은 사실상 인원을 할당한 것이나 다름없다. 초·중·고 학생들에게 병영캠프를 개설해 '특공무술 시범, 장비견학, 레펠(하강훈련) 등 공수지상 훈련, 야간 행군, 낙하산 끌기, 화생방, 나라사랑 프로그램(태극기 그리기, 애국가 4절 쓰기 등), 은거 훈련' 등

의 군사훈련과 병영체험을 하게 한 것으로도 모자라 교사들까지 반
강제적으로 병영체험 프로그램에 참여하게 하는 계획을 세웠다니
참으로 충격적이다.

  2013년 7월 18일 충남 태안의 사설 해병대캠프 사고로 숨진 공주
사대부고생 5명 학생의 장례식을 치르기도 전에 충남교육청이 '충남
지역 중·고교에서 학교폭력 등으로 징계를 받은 150여 명의 학생에

게 "학교폭력 가해학생 해병캠프 보내라"는 공문을 보내 삼청교육대가 부활하는 것 아닌가 하는 의구심마저 불러일으키며 사회적 파문을 남겼다.

초·중·고 학생들의 병영체험캠프 참가나 군부대 체험행사는 충북 충주교육지원청 일부 지역만의 이야기가 아니다. 2013년 7월 31일 정진후 국회의원이 내놓은 〈최근 5년간 초·중등학생 대상 병영체험

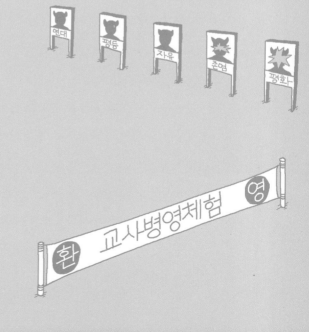

캠프 현황 분석〉자료를 보면 부산·대구·울산·충남·충북교육청이 4년간(2010~2013학년도) 병영체험캠프에 지원금을 내린 것으로 파악되었다. 5개 교육청이 이 기간 병영체험캠프를 지원한 금액은 총 2억 1363만 원이었으며, 충남교육청이 9434만 원으로 가장 많았다.

최근 5년간(2009~2013학년도) 병영체험캠프에 참여한 학교는 총 1375개교, 참여 학생은 20만 7434명으로 나타났다. 연도별로 보면 병영체험캠프에 참여한 학교가 84개교(2009학년도)에서 515개교(2012학년도)로 6.1배(431개교) 증가했고, 참여한 학생은 1만 6947명(2009학년도)에서 6만 7129명(2012학년도)으로 4배(5만 182명)나 증가한 것으로 드러났다. 특히 지난 4년 동안 초등학생 참가자가 가장 많이 증가했다. 초등학교는 2009학년도에 11개교 866명이 병영체험캠프에 참여했는데, 2012학년도에는 129개교 9197명으로 학교 수는 무려 11.7배(118개교)가 증가했고 참여 학생은 10.6배(8331명)나 증가했다.

자료를 분석하면 2010년 천안함 사건 이후 병영체험캠프와 군부대 체험행사가 급격히 증가했음을 알 수 있는데, 이는 국가안보 이슈와 남북 간 상황이 학생들에게 어떤 식으로 심대한 영향을 미치고 있는지를 방증한다. 군사문화는 폭력을 바탕으로 한다. 적과 아군을 철저히 구분하고, 사느냐 죽느냐는 생존 상황을 전제로 상명하복의 권위주의를 용인한다. 개성과 창의성과 소통을 중시하는 교육문화는 군사문화는 거리가 멀다.

학교는 공동체 정신을 습득하고 더불어 사는 문화를 배우고 체화하는 곳이다. 민주주의와 자유와 평화를 배우며 실천하는 곳이다. 국제연합(UN) 헌장은 어린이들이 '평화, 존엄, 관용, 자유, 평등, 연대의 정신 속에서 양육되어야 한다'고 명시하고 있다. 또한 유엔아동권리협약은 전쟁지역에서는 '특별한 보호를 받아야 하며 15세 미만일 때에는 절대 군대에 들어가거나 전투행위에 참여해서는 안 된다'고 강조하고 있다.

그런데 우리의 교육은 어떤가? 상식이 통하지 않는 삶과 죽음의 경계선에서 살아남는 훈련을 하는 병영체험을 교육청이 나서서 지원하고 학생들에게 군사문화를 주입하고 있으니 실로 반민주주의 교육이요, 반교육이 아닌가? 민주주의를 가르치는 선생님들에게, 민주주의를 배우는 학생들에게 지배와 복종, 상명하복, 권위주의 문화를 가르쳐 무엇을 얻겠다는 것인가?

쥐나라 백성은
왜 고양이 대통령을 뽑을까?

흰 고양이가 좋아! 아니야, 검은 고양이가 좋아. 아니야, 얼룩 고양이가 더 좋아!"

쥐나라의 지도자로 누가 더 좋을까요? 쥐나라 백성들은 아무리 좋은 지도자를 뽑으려고 발버둥 쳐도 쥐가 아니라 고양이를 위해 일하는 지도자를 뽑을 수밖에 없습니다. 쥐들에게 주어진 선택권이란 흰 고양이나 검은 고양이나 얼룩 고양이를 골라서 잡아먹히는 것밖에 없습니다. 검은 고양이가 쥐를 너무 많이 잡아먹어서 흰 고양이를 뽑아보지만, 흰 고양이도 쥐를 잡아먹지 않을 수 없습니다.

쥐들의 나라지만 쥐를 지도자로 뽑기 위한 제도, 정당, 법률이란 눈 씻고 찾아봐도 없습니다. 선거제도나 모든 법률이 쥐가 쥐나라의 대표가 되는 길을 차단해놓았기 때문입니다. 쥐나라에는 무엇보다 가혹한 법이 있는데, 그 법의 이름은 '국가보안법'입니다. 이 때문에 자신들의 지도자가 고양이라는 사실을 알리려 하면 쥐나라에서 살아남을 수 없습니다. 가끔 용기 있는 쥐들이 나와 '쥐를 위한 법을 만들자'고 하면 가차 없이 '국가보안법'으로 단죄되어 쥐나라에서 쫓겨나거나 처형될 수밖에 없습니다.

캐나다의 정치인 토미 더글러스(Tommy Clement Douglas)가 1962년 의회에서 연설한 '마우스랜드' 이야기를 재구성해봤다. 그는 노동자의 정당한 목소리를 탄압하는 국가권력에 항거하고, 질병으로부터 고통받는 국민을 위해 노력한 북미 지역 최초의 민주사회주의 정부(캐나다 서스캐처원 주 지방정부) 수상이었다. '마우스랜드' 이야기는 민주주의 국가에서 투표를 해도 변하지 않는 국민의 고단한 삶을 풍자한 우화로 유명하다. 비록 짧은 이야기지만, 우리의 삶을 옥죄는 고약한 정치 행태에 대해 근본적 의문을 던지며 우리 삶을 지배하는 정치 시스템에 대한 의미를 함축적으로 시사한다.

고양이에게 좋은 법이 쥐들에게 좋을 리 없다. 고양이를 지도자로 뽑은 쥐들의 삶은 과연 어떨까? 흰 고양이를 대통령으로 뽑으면 쥐들의 삶이 나아질까? 검은 고양이를 뽑는다고 쥐들이 살기 좋은 세상이 올까? 얼룩 고양이를 뽑는다고 변화를 기대할 수 있을까? 아니다. 흰 고양이든 검은 고양이든 얼룩 고양이든, 고양이는 고양이일 뿐이다.

열심히 투표한 쥐들은 자신들의 삶이 나아지길 기대하고 기다렸지만, 그들의 세상은 하루가 다르게 더 힘들고 어려운 곳으로 변하고 만다. 고양이들은 쥐들이 다니는 통로를 좀 더 크게 만들고, 쥐들이 천천히 다니도록 규제하는 법을 만들고, 고양이의 실체를 말하는 쥐들의 입에 재갈을 물리는 법을 만들었다. 실상 이런 법은 고양이들이 좀 더 편하게, 좀 더 쉽게 먹이를 얻으려는 목적이었다. 사실이 그러한데도 쥐들은 고양이를 지지하고 그들의 편에서 떠나지 못했다. 과연 쥐들이 살기 좋은 세상을 만드는 길은 전혀 없을까?

사람 사는 세상은 과연 어떨까 생각해보자. 우리네 사람들은 쥐보다 더 현명할까? 어느 날 생쥐 한 마리가 나타나 말했다. "우리는 왜 생쥐의 정부를 만들지 못합니까? 우리는 왜 고양이를 지도자로 뽑는 겁니까? 쥐들이 잘 살기 위해서는 쥐를 대표자로 뽑아야 합니다!" 이렇게 선동한 쥐의 운명은 어떻게 됐을까?

4·19 혁명을 뒤집어엎고 유신정부를 만든 박정희나 광주 시민을 학살하고 민주정의당을 만들어 집권한 전두환은 이 자리에서 거론하지 않겠다. 하지만 이명박 정부의 '747'(7% 성장, 4만 달러 국민소득, 7대 경제강국) 정책, 박근혜 정부의 '줄푸세'(세금을 줄이고, 규제는 풀고, 법질서는 바로 세운다) 정책으로 국민의 살림살이가 좋아졌는가? 그들은 국민이 살기 좋은 세상을 만들었는가? 쥐구멍을 더 크게 만들고, 쥐들이 더

천천히 다니게 하는 법을 만들지는 않았는가? 서양의 민주주의는 우리 체질에 맞지 않기 때문에 유신헌법을 만들어야 국민이 살기 좋은 세상이 될 수 있다던 박정희는 제대로 된 민주주의 국가를 만들었는가? 아버지의 유산을 물려받은 박근혜 대통령은 모든 국민이 행복한 세상을 만들고 있을까?

교육대통령이 되겠다던 역대 대통령 중 단 한 사람이라도 교육을 살린 대통령이 있는가? 국민이 행복한 나라를 만들겠다고 호언장담하던 대통령 중 과연 누가 그 약속을 지켰는가? 쥐들의 나라에 고양이가 아닌 쥐를 지도자로 뽑아야 한다는 종북쥐(?)의 말을 왜 쥐들은 믿지 않는 걸까?

2014년 수출액 5731억 달러, 무역수지 흑자 474억 달러, 국민소득 2만 8739달러로 대한민국은 세계 10위의 경제대국이 되었다. 이런 나라에 왜 노숙자가 넘쳐나고, 전체 가구의 40퍼센트가 왜 제 집이 없으며, 가계부채는 왜 1100조가 넘었을까? 최저임금조차 받지 못하는 노동자는 왜 209만 명(임금노동자의 11.4%)이나 되고, 최저임금 정도의 임금을 받는 노동자를 포함하면 무려 500만 명에 육박하는 걸까?

어린이와 청소년의 '식습관을 개선하고 균형 있는 식단을 제공하자'고 시작한 무상급식을 공짜밥이라며 거부하는 나라가 복지국가를 말할 자격이 있을까? 국민소득 3만 달러가 가까운 경제대국에서 33분마다 1명이, 연간 1만 4427명(전체 사망자의 28.5%)이 자살하는 이유가 무엇일까? 입만 벌리면 애국을 말하고 국민행복을 말하면서 보편적 복지는 못 하겠다는 이들은 검은 고양이일까, 흰 고양이일까? 우리는 언제까지 고양이들만 행복한 세상을 위해 구경꾼이 되어야 할까? 1퍼센트 귀족(고양이)이 아닌 99퍼센트 서민(생쥐)이 허리 펴고 살 수 있는 사회는 정녕 꿈일까?

3부

'경쟁과 자본에 종속된 교실'에서
벗어나기

두 갈래로 나뉘어 첨예하게 대립하고 있는 우리 사회에서

"체육시간 달리기 외에는 '경쟁'이란 말을 들은 적이 없다"는

핀란드 교육학자의 표현은 많은 것을 시사한다.

경쟁 없는 교육, 무상교육이 저절로 될 리 없는 까닭이다.

사람들의 의식과 사회제도나 정책이 평등과 복지의 가치를

기반으로 하면 대한민국 국민의 삶의 질이 지금과 전혀 다른 모습으로

변화할 수 있다.

자본주의에서 '드로르'는
이루지 못할 꿈일까?

　　　　　　　우리나라 최고 부자들의 재산은 얼마나 될까?
2014년 9월 16일자 《한국정경신문》 기사를 참고하면, 삼성그룹 이
건희 회장 13조 2870억 원, 현대차그룹 정몽구 회장 7조 6440억 원,
삼성전자 부회장 이재용 5조 1790억 원, 현대차그룹 정의선 부회장
4조 4620억 원, 아모레퍼시픽그룹 서경배 회장 4조 3400억 원, SK
그룹 최태원 회장 3조 500억 원, 교보그룹 신창재 회장 2조 2370억
원, 롯데그룹 신동빈 회장 2조 1920억 원, CJ그룹 이재현 회장 2조
1560억 원 순이다.

　1조라는 돈은 얼마나 클까? 서민의 정서로는 '억'이나 '조' 단위의
돈을 실감하기가 쉽지 않다. 물량화해서 생각해보자. 1조 원은 1만
원짜리 지폐 1억 장이다. 1조 원을 차에 실으려면 5톤 트럭 22대가
필요하다. 1조 원을 늘어놓으면 서울 – 부산 간 경부고속도로를 19번
왕복할 수 있다. 차곡차곡 쌓으면 백두산(2744m)의 4배, 에베레스트
(8848m)의 1.26배 높이에 달하는 실로 엄청난 돈이다.

그런데 이건희 회장의 재산은 무려 13조 하고도 2870억 원이란다. 사람이 한평생 살아가는 데 이렇게 큰돈이 필요할까? 한국은행이 집계한 2014년 말 가계부채는 1089조 원에 달한다. 올해 8월 기준 전국 추정 인구가 5062만 명인 점을 고려하면 국민 한 사람당 2150만 원 정도의 빚을 지고 있는 셈이다. 대한민국 1인당 국민소득은 약 3만 달러다. 3인 가족의 경우 어림잡아 9000만 원이나 된다. 이렇게 부자나라 국민의 가계부채가 1100조에 달한다는 사실이 믿기지 않는다.

한 달에 150만 원을 버는 젊은이가 집을 마련하려면 얼마나 걸릴까? 1년에 1800만 원을 버는 셈이니 20년 동안 한 푼도 쓰지 않고 번다고 가정하면 총액이 3억 6000만 원이다. 2014년 1월 서울 청담동 마크힐스 2단지 20층 전용면적 192.86m^2(58평) 아파트가 65억 원에 팔렸다고 한다. 서울 상위 20퍼센트 아파트의 평균가가 10억 원을 상회한다. 과연 이 청년이 집 한 채를 사려면 얼마나 걸릴까?

1960년부터 2007년까지 대도시 땅값이 923배 올랐다. 그런데 서울 땅값은 1176배 올랐다. 같은 기간 소비자물가는 43배 올랐으니 물가에 견줘 땅값은 30배 가까이 오른 셈이다. 비슷한 기간에 노동자 가구의 실질 소득은 15배 올랐다. 그러니 소득에 견줘 땅값은 60배 이상, 서울은 70배 이상 오른 셈이다. 한 달에 150만 원 버는 청년이 학자금을 갚으면서 결혼도 해야 하고, 아프면 병원에도 가야 하고, 아이도 길러야 하니 과연 언제쯤 집을 마련하는 꿈을 이룰 수 있을까?

고대 유대 사회에 땅과 연관된 재미있는 역사가 있다. 이 나라는 원래 토지를 사고팔 수 없었다. 땅의 주인은 그들이 섬기는 신이었고, 사람은 땅을 빌려서 농사를 짓는 청지기라는 개념이 일반화되어 있었기 때문이다. 그런데 시간이 지나면서 빈부의 격차가 생기고 땅도 사고팔게 되었다. 부지런한 사람과 게으른 사람이 생기고 가뭄, 질병, 전쟁 등으로 아무런 소산이 없는 사람들은 논과 밭을 팔거나 자기 몸을 팔아 종이 되기도 했다.

유대 사회에는 안식년제와 희년제가 있다. 능력의 차로 생긴 빈부 격차를 해결하기 위해 일곱째 해가 될 때는 땅을 경작하거나 과수원을 가꾸지 않은 채 자연 그대로 방치한다. 그 이전에 수확한 것을 주인이 독점하지 않고 빈민과 나그네와 들의 짐승과도 함께 나눈다. 부채가 있다면 안식년이 도래할 때마다 모두 탕감해줘 차별 없는 사회로 돌아가게 된다. 그러다 안식년이 7번 지나고 50년마다 돌아오는 해, 즉 희년이 되면 모든 거주자들에게 '드로르'(자유 혹은 해방을 뜻하는 히브리어)가 선포된다. 빚 때문에 토지나 가옥을 팔았던 농민들은 재산을 돌려받게 되고 몸을 팔아 종이 되었던 사람들은 노예의 신분에서 벗어나 자유롭게 된다.

부익부빈익빈, 양극화가 극에 달한 자본주의 사회에서 보기에 꿈같은 얘기다. 자본주의가 지구상에 등장했을 당시 여성이나 어린이들은 하루에 16~17시간씩 일을 해야 생존이 가능했다. 계몽주의와 산업혁명이 진행되던 시기다. 당시 시민계급이었던 부르주아 계급이 주창하던 '자유·평등·박애'의 슬로건은 혁명과정에서 변질되고 만다. 이렇게 나타난 부자와 가난한 자의 대립관계 속에서 '자유'

는 소농 생산자나 소시민이 재산을 팔아넘기는 명분에 지나지 않았으며, '박애'는 경쟁을 당연시하는 간계(奸計)나 질시(嫉視)로 변질되었다.

토머스 모어(Thomas More)나 토마스 뮌처(Thomas Münzer)는 이러한 사회적 모순 속에서 등장한 양심적인 인물이다. 토머스 모어는 16세기 영국 사회의 모순과 사회적 병폐를 풍자적으로 비판하는 《유토피아》를 통해 사회개혁을 꿈꿨다. 토마스 뮌처는 독일 농민전쟁을 주도하며 만인의 평등을 위해 급진적 사회혁명을 추구한다.

사회 양극화가 한계상황으로 치닫고 있다. 2012년 국세청의 배당소득·이자소득 100분위 자료를 보면 전체 11조 3000여억 원의 주식 배당소득 가운데 상위 1퍼센트가 가져가는 몫이 72.1퍼센트다. 이자소득의 경우 전체 24조 9000억 원의 44.8퍼센트를 상위 1퍼센트가 가져갔고, 상위 10퍼센트의 몫은 90.6퍼센트였다. 배당과 이자소득의 원천은 주식과 예금 등 금융자산이다. 금융자산을 상위 10퍼센트의 고소득층이 독식하고 있다. 비단 금융자산만의 문제가 아니다. 우리나라 4대 그룹이 나라 전체 경제를 지배하고 있고, 20퍼센트의 국민이 80퍼센트의 부를 소유하고 있다. 개인 간의 격차는 물론 대기업과 중소기업 간의 양극화, 그리고 지역별·소득별 양극화가 대물림되는 현상이 고착화하고 있다.

13조 2870억 원이나 되는 재산을 가진 사람이 있는가 하면 몸뚱이 하나만 가지고 하루 벌어서 하루를 살아가는 일용직 근로자가 있으며 길거리를 방황하는 노숙자도 5000명이나 된다. 2014년 우리나라 최저임금은 시간당 5210원이었다. 2015년에는 370원이 올라 5580원이 되었다. 보편적 복지를 지향하는 나라에서 아직도 최저임금의 적용을 받는 알바생이나 시간제 근로자, 저임금 근로자 등 사회적 약자가 500만 명이요, 비정규직 노동자가 850만 명이나 된다.

프랑스 경제학자 토마 피케티(Thomas Piketty)는 《21세기 자본》이란 저서에서 자본과잉에 의한 소득불평등 확대가 자본주의 역사에서 일관되게 나타나고 있음을 보여준다. 그렇다면 자본주의 사회에서 양극화는 치유 불가능한 고질적인 병일까? 지구상에는 같은 자본주의사회라도 우리처럼 20 대 80의 사회가 아닌 나라가 많다. 미국과 일본을 제외하고 유럽 선진국들은 신자유주의 칼바람에서 한 걸음 비켜서 있다. 효율과 경쟁을 지고지선으로 보는 신자유주의 가치보다 복지와 공공성을 우선하는 정책을 통해 약자를 막다른 골목으로 몰아넣지 않고 있기 때문이다.

덴마크를 비롯한 서구 선진국에서는 땅에 대한 개인의 소유권을 인정하지 않고 있다. 땅값을 빼고 건물만 사고판다면 우리나라처럼 아파트 한 채의 가격이 수십억 원이나 할 이유가 없다. 교육비도 그렇다. 유치원에서부터 대학 졸업 때까지 모든 교육비를 국가가 책임지는 나라가 많다. 우리처럼 자녀의 사교육비 때문에 가정이 파탄 나고, 주부가 자녀의 사교육비를 벌기 위해 노래방 도우미로 내몰리는 상황이 이상한 것이다.

피케티의 주장처럼 '자본주의의 근본 모순인 부익부빈익빈을 개선하기 위해서는 각국이 공조해 부자들의 자산을 찾아낸 뒤 소득 상위

1%에 최고 80%의 소득세를 물리고, 매년 10%의 부유세를 부과'한다면 더불어 사는 세상이 불가능한 일도 아니다. 소득재분배 정책만 제대로 실현해도 월급이 21억 1000만 원인 사람과 한 달 동안 잔업과 시간외 근무수당을 합해 100만 원도 받지 못하는 극단적인 양극화 현상은 나타나지 않을 것이다.

우리 사회는 지금 깊은 병에 걸려 있다. 사회정의가 실종되고 정직한 사람이 손해를 보는 비정상이 보편화되고 있다. 요행을 바라는 사행심이 만연하고 수단과 방법을 가리지 않고 승패를 가리는 풍토가 확산되고 있다. 원칙이 실종된 자본주의와 더불어 행복하게 사는 사회의 간극은 너무나 멀다. 자신이 가난한 이유가 정치를 잘못해 나타나는 결과라는 사실을 사람들은 왜 모를까?

민주주의는 알아도 공화제는 모르는 사람들

우리나라 사람들은 민주주의는 알아도 공화국에 대해서는 잘 모른다. 민주공화국에 살면서 민주주의는 알아도 공화국을 모른다는 것은 비극이다. 그렇다면 공화제란 어떤 정치체제이고 왜 헌법에까지 명시해놓았을까?

공화제(republic)는 공동체를 뜻하는 라틴어 '레스 퍼블리카(res publica)'에서 나온 말이다. 공화국을 의미하는 영어 'republic'은 라틴어 'res publicus'에서 나왔다. 'publicus'는 'populus'라는 말에서 나온 형용사다. 'populus'는 오늘날 영어 'people'의 어원이 되는 말로 '사람들' 혹은 '공중(公衆)'으로 번역된다. 또 'publicus'는 '대중을 위한' 혹은 '공공의'라는 의미를 갖고 있다. 그리고 'res'는 오늘날 영어로 'thing'을 의미한다. 따라서 'res publicus'는 '사람들(공중)의 것' '공공의 것' '공중을 위한 것' 등의 뜻을 갖는다. 즉 공화국이란 군주 1인의 것이 아닌, 다수 국민의, 다수 국민을 위한 나라를 의미하는 것이다.

공화(共和)라는 한자에는 '평화와 조화, 화합을 이루어야 한다'는 의미가 담겨 있다. 민주주의(民主主義)가 주권재민에 기초하여 시민 개개인의 권리에 초점을 맞추었다면, 공화주의(共和主義)란 공동체의 합의, 공동선(共同善)에 기초한 연대적 가치에 초점을 맞추고 있다. 오늘날 정치학자들은 민주주의가 공화정에 의해 보완되어야 한다고 강조하고 있는데, 그 이유는 영국, 프랑스 등 유럽 여러 국가의 정치변화 과정 속에서 개인주의, 일당주의에 치달을 수 있는 민주주의의 한계를 극복하기 위해 공동선익과 다수당의 합의에 의해 정치가 운영되어야 함을 배웠기 때문일 것이다.

대한민국 헌법 제1조 1항 '대한민국은 민주공화국이다'라는 규정에서 민주란 '주권이 국민에게 있고, 모든 권리는 국민으로부터 나온다'(헌법 제1조 2항)는 뜻이요, 공화국이란 어원에서도 밝혔듯이 국가가 군주나 대통령이 아닌 '사람들(공중)의 것' '공공의 것' '공중을 위한 것'으로 '공공복리의 향상'을 위해서는 자유와 평등도 조정할 수 있다는 뜻이다. 과거 제헌헌법 84조는 "대한민국의 경제 질서는 모든 국민에게 생활의 기본적 수요를 충족할 수 있게 하는 사회정의의 실현과 균형 있는 국민경제의 발전을 기함을 기본으로 삼는다. 각인의 경제상 자유는 이 한계 내에서 보장된다"고 하여 경제활동의 공공성을 강조한 바 있다.

'민주'는 있어도 '공화'가 없다면 진정한 민주주의 국가라고 볼 수 없다. 우리의 현실은 어떤가? 박근혜 정부는 '줄푸세'를 기본철학으로 삼고 있다. 하지만 경제민주화를 실현하기 위해서는 세금을 줄일 것이 아니라 올려야 한다. 그리하여 땀 흘려 일한 사람에게 더 많은 혜택이 돌아가게 될 때 경제민주화가 실현될 수 있다. 사실이 이러함에도 소수의 부자를 위해 세금을 줄이면서 말로는 경제정의를 실현하는 것처럼 국민을 기만하고 있다.

민주주의는 수많은 사람의 피와 땀으로 조금씩 이뤄냈지만, 공화제의 실현은 요원하기만 하다. 지난 시절 우리는 이승만, 박정희, 전두환, 노태우 등 독재와 군사정권을 극복하고 형식적인 민주주의의 틀을 만들었지만, 이후 이 땅의 지도자들은 정작 중요한 '권력이 공공을 위한 것'이라는 공화제의 이념과 거리가 먼 정치를 서슴지 않았다. 헌법에 민주공화국이라는 규정이 있다고 해서 민주주의 공화정이 저절로 실현되는 건 아니다. 국민 대다수의 이익보다 다국적기업이나 일부 재벌의 이익을 위해 규제를 완화해주는 나라를 어떻게 공화국이라고 할 수 있겠는가?

대한민국은 민주공화국이어야 한다. 이에 대한 답은 헌법 제10조에서 명쾌하게 확인된다. "모든 국민은 인간으로서의 존엄과 가치를 가지며, 행복을 추구할 권리를 가진다. 국가는 개인이 가지는 불가침의 기본적 인권을 확인하고 이를 보장할 의무를 진다"고 말이다.

사람이 사람답게 살기 위해서는 '당연히 누릴 권리', 즉 자유의 폭이 확대되고 부와 권리가 소수에게서 다수에게로 확대되어야 한다. 양심과 사상의 자유를 마음껏 누릴 수 있어야 함은 물론이다. 국민 대다수가 원하지 않는 의료 민영화, 철도 민영화, 교육 민영화를 추진하면서 이를 민영화가 아니라고 강변하는 정치들이 있는 한, 대한민국은 제대로 된 민주주의 국가도 공화정도 아니다. 헌법에 보장된 다수의 이익에 반하는 정치를 하면서 어떻게 민주주의와 공화제를 말할 수 있는가?

자본과 유신세력에 점령당한 학교

일제강점기에 일본은 왜 조선에 학교를 세우고 조선 사람들을 교육했을까? 인격을 도야하고 사리를 분별하는 힘을 길러주기 위해서였을까? 천만의 말씀이다. 일본이 조선을 영구 지배하기 위해서는 '일본화된 조선인'이 있어야 했고, 그런 인간의 도움이 필요했기 때문이었다. 외모는 조선인이나 속은 일본인인 존재, 즉 '황국신민'이 필요했던 것이다. 일본이 만든 '국민학교'에서 가르친 도구적인 지식은 식민통치를 용이하게 하는 그들에게 필요한 '애국자'를 길러냈고, 그 덕분에 36년간 조선을 식민통치할 수 있었다.

이처럼 일제강점기의 교육은 정치에 철저하게 예속된 의식화 도구였다. 일제의 필요에 따라 막대한 예산을 투입해 조선 사람을 일본 사람으로 만들어낸 후유증으로 우리나라 역사는 왜곡되고 병들었다. 해방 후 4·19 혁명으로 세운 정권을 무너뜨린 박정희는 영구집권을 획책하며 유신헌법을 제정했다. 이를 정당화하기 위해 도입한 방안이 '국정교과서제'다. 비판을 허용하지 않겠다는 정권의 의지는 유신교육으로 이어졌다. 이는 비단 박정희 정권만의 문제가 아니다. 과거가 부끄러운 정권일수록 교육을 통해 권력의 정당성을 홍보했다. 우리나라의 교육과정이 자주 바뀐 이유도 이와 무관하지 않다. 이 시대에 교육의 중립성이 필요한 까닭이 여기에 있다.

오늘날 교육 위기는 결코 우연의 결과가 아니다. 신자유주의 시대의 교육은 자본의 입맛에 맞는 인간을 양성하려 한다. '수요자 중심의 교육'인 7차 교육과정이 도입된 이유다. 교육의 공공성이 약해지고 상업주의 논리가 도입되면서 학교는 개인의 출세를 보장하는 학원으로 전락하게 된다.

1949년 12월 31일 법률 제86호로 공포된 교육법 제1조(교육의 목적)는 "교육은 홍익인간(弘益人間)의 이념 아래 모든 국민으로 하여금 인격을 완성하고 자주적 생활능력과 공민으로서의 자질을 구유(具有)하게 하여 민주국가 발전에 봉사하며 인류 공영의 이상 실현에 기여함을 목적으로 한다"고 되어 있었다. 하지만 시간이 지남에 따라 교육이념과 교육과정은 점차 별개로 움직였고, 1997년에 이르러 교육법이 교육기본법으로 개정되면서 교육이념에 대한 규정도 제1조에서 제2조로 변경되었다. '널리 인간을 이롭게 한다'는 정신이 담긴 교육이념은 법전에만 존재할 뿐 지금의 학교는 일등만이 살아남는 삭막한 시장으로 변모했다.

사람들이 즐겨보는 드라마가 성적인 내용이나 폭력으로 채워지는 것 역시 '시청률'이라는 자본의 논리를 따른 결과다. 안방극장을 채우는 드라마를 제공하는 실질적인 주인은 프로듀서가 아니라 광고주인 자본이다. 결국 시청자의 선택권조차 자본에 종속되어 있다.

교육도 예외가 아니다. 자본의 논리는 교육을 상품으로 둔갑시켜 그들의 입맛에 맞는 내용으로 채운다. 새누리당과 수구 세력이 국사 교과서를 국정화하려는 이유도 이와 무관하지 않다. 조선을 식민지로 삼은 일제가 민족의식이나 비판의식을 갖춘 사람을 키우지 못하게 막았듯이, 오늘날 자본에 예속된 학교 또한 '근면한 인간' 또는 '순종적인 인간'을 양성하고 있다.

우리는 과거 독재정권 시절, 민주적인 인간을 양성하기를 거부하고 국정교과서로 충성스러운 국민을 양성하려고 했던 가슴 아픈 기억을 잊지 않고 있다. 그런데 왜 오늘날 학교에서는 평생을 노동자로 살아갈 아이들에게 노동 3권조차 가르치지 않는 걸까? 지금이야말로 '교육의 정치적 중립'이 그 어느 때보다 절실하건만, 학교는 학생들에게 민주의식, 정치의식을 길러주기보다 '가만히 있으라!'는 교육을 강조하고 있다.

자본과 정치가 교육과 무슨 상관이 있느냐고 항변하는 사람들이

있다. 하지만 정말 그럴까? 법전은 교육의 중립성을 보장하지만, 현실은 국정교과서를 부활시켜 5.16 군사쿠데타와 10월 유신을 정당화하기 위한 수순을 밟고 있다. 이를 위해 일제강점기에 일제에 부역한 친일세력과 유신의 후예, 전두환 정권 일당 그리고 이들과 이해관계가 있는 무리가 역사의 시곗바늘을 거꾸로 돌리는 국정교과서를 추진하고 있다.

이들은 겉으로는 '보수'라는 외피를 쓰고 있지만, 학교교육을 통해 비판의식이 거세된 인간, 자본의 논리에 순응하는 인간을 길러내는 모리배일 뿐이다. 또한 이들은 자기네 생각과 다른 이들을 공존 대상이 아닌 제거 대상으로 간주한다. 입만 열면 종북타령이요, 흑백논리 혹은 냉전논리를 꺼내는 이유도 비판세력을 견제하기 위해서다. 과거를 감추려는 세력과 매판자본, 이들과 하나가 된 수구언론, 권력에 빌붙는 대형교회 지도자, 권세를 바라며 곡학아세하는 지식인…. 이 모두가 학교에서 역사의식과 비판의식을 갖춘 민주적 시민을 양성하기를 원치 않는다.

입시위주의 학교는 결정론적 세계관, 운명론적인 세계관에 물든 인간을 양산한다. 승자 독식주의 사회, 패자를 낙오자로 만드는 교육, 불의한 권력과 결정론적인 세계관에 함몰된 기독교가 한통속이 돼 우리 교육을 황폐화시키고 있다. 학생의 비판의식을 마비시키고 운명론자로 키워내는 학교에서 어떻게 민주교육, 민족교육, 인간교육이 가능하겠는가?

공공성을 포기한 교육,
돈벌이의 대상인가?

소수와 다수의 이해관계가 엇갈릴 때 누구의 편을 들어줘야 할까? 민주주의에서는 소수와 다수의 이해관계가 엇갈릴 때 당연히 다수의 이익에 복무해야 한다. 다수결의 원칙은 그래서 필요한 것이다. 어차피 정치란 희소가치를 배분하는 행위인데 한쪽에서 이익이 되면 상대방은 손해를 보기 마련이다. 그런데 우리의 정치사를 보면 늘 소수의 힘 있는 사람들을 위한 정치를 해왔다. 특히 이명박 정부가 그랬고 박근혜 정부가 그 뒤를 이어 부자들을 위한 정치를 계속하고 있다.

소수의 힘 있는 사람을 위한 정치만이 아니다. 박근혜 정부는 최근 경제를 살린다는 명분으로 교육을 시장판에 내놓는 무모한 정치를 하고 있다. '경제활성화'라는 미명으로 내놓은 규제완화 조치가 그것이다. 최경환경제팀이 의욕에 넘쳐 내놓은 경제살리기라는 이름의 경제정책은 ● 국내 외국교육기관 설립이 용이하도록 외국대학이 국내 자법인 또는 합작법인으로 국내 진출 허용 ● 국내학교의 방학 중 영어캠프 허용 등으로 영리활동 허용 ● 국내기관의 외국인 유학생 유치 확대를 위해 사설학원에 대해서도 유학생 사증(일반연수 비자) 발급 허용 등 학교 영리화 방안과 같은 투자 활성화 방안이 포함되어 있기 때문이다. 그 구체적인 문제는 다음과 같다.

첫째, 국내외 합작법인의 외국 교육기관 설립 허용은 사실상 국내 대기업의 외국 교육기관 설립을 허용한 것이다. 지난 4차 투자 활성화 대책에서 발표된 잉여금 배당 허용 및 과실송금 허용 등과 결합되어 국내 대기업에게 학교영리 활동의 문호를 열어주고 있는 것이다. 사학 비중이 높고, 공적투자보다 경쟁구조에 의존하고 있는 우리나라 공교육의 토대는 매우 취약한 상황이다. 그러므로 국내외 자본의 학교 영리활동 허용은 교육의 공공성을 포기하고 학교를 돈벌이 경쟁에 내모는 결과를 초래할 것이라는 비판을 피하기 어렵게 되었다.

둘째, 그동안 불법화했던 학교의 영어캠프 운영을 허용하면 학교는 학원식 영리활동에 치중하게 되어 본연의 교육활동에 소홀할 수 있다. 이번 조치는 그동안의 고액 영어캠프의 불법성이 지적되자 이를 합법화하여 돈벌이를 보장해주겠다는 것이나 다름없다. 정부의 정책은 왜곡된 영어 수요를 부추기거나 학교를 돈벌이 수단으로 전락시킬 것이 아니라 올바른 영어교육 정책을 수립하는 것이 먼저여야 한다.

셋째, 외국 유학생의 국내 유치를 확대하기 위해 학원에 유학생 비자 발급을 허용하는 것은 여러 가지 문제를 안고 있다. 최근 국내 대학들조차 외국인 유학생 관리가 부실해 불만이 높은 시점에서 영리를 목적으로 한 사설기관까지 유학생 유치를 확대할 수 있도록 하는 것은 유학생 관리의 부실화를 더욱 부추길 것이 자명하다. 유학생을 유치하는 사설기관을 정부가 제대로 관리·감독하기에는 한계가 있다. 영리 추구에 집착하는 사설기관들이 경쟁적으로 유학생을 유치하기 위해 학위 및 인증서 장사를 하거나 부풀린 프로그램 홍보 등으로 인해 유학생 문제가 사회문제로 비화할 우려가 있다.

　규제 완화가 만병통치약은 아니다. 보건·의료 분야에서 내놓은 영리병원은 서민의 의료비 지출을 가중시킨다. 경제를 활성화한다는 명분으로 카지노 규제를 풀어 환경을 파괴하면서까지 돈만 벌면 그만인가? 설사 이익이 창출되고 경제가 좋아진다고 하더라도 배분이 없는 경제활성화는 결국 소수 자본가의 배만 불릴 뿐이다.

　교육을 시장판에 내놓아 이 지경이 된 것을 정부는 아는가 모르는가? 교육을 살리자는 전교조 입에 재갈을 물리기 위해 법외노조로 내몰고, 진보교육감이 등장하자 국민적 합의조차 거치지 않은 학교 영리화 방안으로 교육을 어디로 끌고 가겠다는 것인가? 교육서비스를 높여 국내 학생의 유학 수요를 흡수하고, 외국 유학생을 국내에 유치시켜 서비스 수지의 흑자를 높인다고 하지만 정부의 교육서비스 활성화 계획은 무역투자 활성화 대책의 구색 맞추기에 다름 아니다. 공공성을 포기하고 어떻게 교육의 기회균등을 실현할 것인가? 교육을 시장판에 내놓는 '교육시장화' 정책은 중단해야 한다.

교육을 바라보는
두 가지 관점

　우리는 시험 안 봐요. 대학에 가는 시험이 없어요. 오스트리아는 고등학교 졸업하기가 힘들어서 한 번 졸업하면 마음대로 어디든지 들어갈 수 있어요.

그리고 그런 랭킹도 없어요. 좋은 대학교 나쁜 대학교…, 그런 것도 없고, 그래서 저 같은 경우는 세 개의 대학에서 동시에 공부했어요. 같은 시간에, 하지만 한 학교만 졸업했어요. 제가 일본어 하고 한국어에 관심 있어서 다른 대학교에 가서 거기서 한국어 배웠고, 아니면 사회에 대해서 공부하고 싶어서 또 다른 대학에 갔어요. 등록금 한 번만 내고, 하나만 내고 어디든지 공부할 수 있어요.

케이비에스(KBS) 1TV에서 방영했던 〈미녀들의 수다〉에 출연한 베르니라는 오스트리아 미녀의 말이다. '사교육이 없고, 대학 등록금도 없고, 일류대학도 없고, 수학능력고사와 같은 경쟁적인 입시도 없고, 학교에서 등수를 매기지 않는 나라….' 이런 이야기는 핀란드가 속한 북유럽 국가들을 비롯해 오스트리아, 캐나다 같은 나라에서는 너무나 당연한 일이다. 하지만 선진국 운운하는 대한민국에서는 왜 꿈같은 얘기로 들릴까?

교육부 통계자료에 따르면 지난해 우리나라 초·중·고교 학생 사교육비 총액은 18조 2297억 원으로 2011년 20조 1266억 원에 비해 다소 줄어든 것으로 나타났다. 하지만 이는 학생 수의 감소에 따른 영향이다. 학생 1인당 월평균 사교육비는 23만 2000원으로 전년 대비 1.3퍼센트 증가 추세를 보여 자녀교육에 대한 관심이 여전히 뜨거운 것으로 나타났다.

2011년 기준으로 우리나라 초·중·고교 학생은 모두 698만 7000명이다. 이들의 사교육비로 지출된 총액 20조 1266억 원 중에서 초등학교 학생 313만 2000명이 부담한 사교육비는 9조 461억 원, 중학교 학생 191만 1000명이 부담한 사교육비는 6조 6억 원, 고등학교 학생 194만 4000명이 부담한 사교육비는 5조 799억 원이나 된다. 영어 과외비로 지출된 돈은 한 해 6조 7685억 원, 수학은 5조 9024억 원, 국어는 1조 5657억 원, 사회·과학은 1조 834억 원이었다. 또한 음악 1조 7293억 원, 체육 1조 2526억 원, 미술 6149억 원 등이다.

앞서 언급했다시피 교육경쟁력 1위로 평가받고 있는 핀란드를 비롯한 스웨덴, 노르웨이, 덴마크 등 북유럽 국가는 대학교까지 무상교육을 시행한다. 체코, 아이슬란드, 슬로바키아, 오스트리아, 아일랜드 역시 대학등록금이 없다. 덴마크 정부는 대학생들의 공부를 위해 매월 50~60만 원을 지원한다. 스웨덴은 20세가 되면 1인당 2000만 원 정도씩을 지급한다.

국립대학이 대부분인 프랑스는 한 해 등록금이 대략 50~60만 원 정도여서 부담이 없는 편이고, 독일은 2014년 9월부터 전국 대학의 등록금을 없애고 무상교육을 원칙으로 삼았다. 연방국가라 주마다 상황이 조금씩 다르긴 해도 학생들은 대학별로 시설 사용료, 행정수수료, 학생회비, 교통비 등의 명목으로 17~24만 원 정도를 부담하기만 하면 된다. 또한 독일은 연방교육지원법(BAFOG)에 의해 교육지원금을 생활비 보조 정책의 일환으로 유·무상의 지원금을 받을 수 있다.

네덜란드의 대학 등록금은 1년에 약 260만 원 정도지만 학생들을 대상으로 하는 각종 보조금이 있어 거의 무료에 가깝다. 기본보조금은 대학생과 실업고등학교 학생이 대상이다. 18세 이상 학생이 10년 이내에 졸업장을 받는다면 정부로부터 받았던 보조금은 상환하지 않아도 된다. 자취하는 학생이라면 한 달에 대략 30만 원 정도의 기본보조금을 받을 수 있다. 네덜란드 정부는 학생들의 교통비도 지원한다. 재정지원을 받는 학생들은 학생 대중교통 무료승차권(OV칩 카드)을 받을 자격이 있는데, 주말 이용권 혹은 주중 이용권을 선택하여 네덜란드 전역을 대중교통으로 자유롭게 여행할 수 있다. 방학 때는 교통비 지원이 없는 대신 학생신분증으로 40퍼센트까지 할인을 받을 수 있다. 이외에도 저소득 가정을 위한 추가보조금이 있다. 부모의 수입에 따라 보조금의 금액이 달라지는데 기본보조금처럼 학생이 기간 안에 대학을 졸업하면 이마저 완벽한 선물이 된다. 여력이 없는 학생들은 부모의 수입에 따라 추가적인 재정 협조를 정부에 요청할 수 있다. 이는 학생이 공부를 마칠 때 얼마간의 이자와 함께 상환해야 하는 대출의 형태를 띤다.

지금까지 언급한 상당수 국가는 어떻게 해서 학생들에게 무상교육을 제공할 수 있는 걸까? 단지 돈이 많기 때문일까? 그렇지 않다. 한마디로 교육에 대한 가치관이 다르기 때문이다. 이들 나라는 교육을 '상품'이 아닌 물이나 공기 같은 '공공재'로 본다. 따라서 모든 사회 구성원이 차별 없이 교육의 자유를 만끽할 수 있도록 보장하는 것이다. 이들 국가에서는 교육에 대한 기회 균등이 그 무엇보다도 중요하다는 사회적 합의가 이뤄져 있다.

거칠게 표현하면 우리나라의 제도나 정책, 국민의 정서는 이와 상반된 철학을 바탕으로 하고 있다. 신자유주의를 떠받드는 경쟁과 효율의 가치를 따르는 성장제일주의가 판치고 있기 때문이다. 교육을 상품 혹은 공공재로 보는 시각차는 언론에서도 그대로 나타난다.《한겨레》나《경향신문》처럼 평등이나 복지를 우선적인 가치로 보는 신문이 있는가 하면,《조선일보》《중앙일보》《동아일보》처럼 경쟁과 효율에 따른 무한경쟁을 이상적인 가치로 보는 언론도 있는 것이다. 정치는 또 어떤가? 새누리당은 경쟁과 효율이라는 가치에 무게중심을 두고 모든 정책을 시장논리에 입각해 풀어가는 반면 진보 성향의 정당들은 평등과 복지라는 가치를 중심으로 세상이 바뀌어야 한다고 주장한다. 새정치민주연합은 어정쩡하게 양다리를 걸치며 오락가락하는 정책을 펼치는 까닭에 국민의 전폭적인 지지를 받지 못하고 집권당의 2중대라는 비판에서 벗어나지 못하고 있다.

전교조(전국교직원노동조합)와 교총(한국교원단체 총연합회), 민주노총(전국민주노동조합총연합)과 한국노총(한국노동조합총연합), 민예총(한국민족예술인총연합)과 예총(한국예술단체총연합), 참학(참교육을 위한 전국학부모회)과 학사모(학교를 사랑하는 학부모모임), 민청(민주화운동청년연합)과 한청(한국청년단체협의회)… 등으로 세력이 나뉘어 입장을 달리하는 것도 따지고 보면 서로 다른 철학을 바탕으로 하고 있기 때문이다.

이처럼 두 갈래로 나뉘어 첨예하게 대립하고 있는 우리 사회에서 "체육시간 달리기 외에는 '경쟁'이란 말을 들은 적이 없다"는 핀란드 교육학자의 표현은 많은 것을 시사한다. 경쟁 없는 교육, 무상교육이 저절로 될 리 없는 까닭이다. 사람들의 의식과 사회제도나 정책이 평등과 복지의 가치를 기반으로 하면 대한민국 국민의 삶의 질이 지금과 전혀 다른 모습으로 변화할 수 있다. 하지만 경쟁과 효율에 무게중심을 두는 한 수단과 방법을 가리지 않고 결과만 중시하는 인간을 길러내는 교육에서 벗어날 수 없으며, 비판능력을 상실하고 자본의 노예가 되는 시민을 길러내면서 평등과 복지의 가치를 실현하는 나라를 꿈꾸는 건 어불성설이다. 언제까지 우리는 교육을 '상품'으로 보는 뒤틀린 교육을 그대로 둘 것인가?

관광수입 확대를 위해 단기방학까지 이용하다니

돈이 지배하는 세상이다. 돈을 벌기 위해서라면 무슨 짓이라도 하는 세상이 과연 살만 한 곳일까? 사람의 가치까지 경제적인 능력으로 환산되는 세상, 돈이 없으면 교육을 제대로 받을 수 없고, 병원에서 제대로 치료를 받을 수 없으며, 피선거권조차 제대로 행사하지 못하는 세상에서 어찌 살맛나게 살 수 있을까?

만지기만 하면 모든 것이 황금으로 변한다는 미다스 왕의 이야기처럼 신자유주의는 모든 가치의 기준을 돈에 둔다. 경제논리가 지배하는 세상에서 돈벌이의 방해가 되는 규제는 악일 뿐이다. 선의 판단 기준은 경제성과 효율이 된다.

2014년 2월 3일, 문화체육관광부의 보고와 박근혜 대통령 주재로

'제2차 관광진흥확대회의'가 열렸다. 봄(5월 1~11일)과 가을(9월 25~
10월 5일)에 총 22일의 관광주간을 신설하고 문체부가 관광수입을 늘
리기 위해 초·중·고교의 방학을 쪼개 '단기방학 기간'을 신설, 유도
한다는 방침을 내놓았다. 아무리 자본주의 국가일지라도 교육과 연
관된 정책을 추진하려면 그것이 교육적인지 따져볼 필요가 있다. 단
기방학을 신설하는 일이 맞벌이 부모들에게 불편을 끼치지는 않는
지도 확인했어야 했다. 하지만 문체부는 학교, 학생, 학부모의 상황
을 고려하지 않은 채 관광수입 확대만을 위한 계획을 추진해 비난이
쏟아졌다. 더구나 관련 부처인 교육부와 사전 협의도 거치지 않은 채
청와대에 보고해 돈벌이를 위해 학생들을 들러리 세우는 것이라는
비판을 면치 못했다.

그런데 문체부는 올해 5월 1~14일 봄 관광주간 캠페인에 정부부
처·전국 자치단체·공공기관·기업·학교 등이 참여하는 '공무원과
근로자의 휴가 가기' 행사를 진행했다. 이에 따라 전국 초·중·고교
1만 199곳이 5~8일간의 자율휴업 또는 단기방학을 시행했는데, 이
는 전체 전국 초·중·고교 1만 1464곳의 88.9퍼센트에 해당한다.

문체부에서 이용한 단기방학은 이미 교육부가 '방학분산제'라는
이름으로 학교에서 추진하고 있는 정책이다. 이 방학분산제는 혁신
초등학교를 중심으로 교육과정의 재구성과 학교구성원들의 긴밀한
토론과 합의를 통해 봄·가을 방학(계절방학)을 운영하면서 교사와 학
생, 학부모들로부터 좋은 평가를 받고 있으며 올해부터 각 시도교육
청이 일정 수의 시범학교를 운영할 계획이다.

교육을 경제논리로 보는 7차 교육과정은 교육을 통해 돈이 주인이 되는 세상을 만들고 있다. 수요자 중심의 교육이라는 시장논리는 이제 교육 부문까지 깊숙이 침투해 학교를 시장판으로 만들고 있는 것이다. 신자유주의 교육정책은 박근혜 정부 들어 철도·의료·교육·가스에 이르기까지 민영화를 거침없이 추진하고 있다. 지난 12월, 정부가 내놓은 투자활성화 대책은 코레일의 수서발 케이티엑스(KTX) 자회사 설립을 강행하고 의료와 교육 분야까지 규제를 완화하고 있다.

의료 분야의 경우 의료법인의 자회사를 통한 영리사업을 허용하고 법인약국 설립을 가능하게 하는가 하면 교육 분야는 외국계 교육법인의 이윤 해외송금을 허용하고 국제학교는 투자자들에게 배당금을 나눠줄 수 있도록 했다. 또한 자립형 사립 고등학교에서는 방학을 이용해 영어캠프를 열수 있게 되었다.

박근혜 정부가 2세 교육에 대한 진정성이 있다면 관광특수를 위해 단기방학을 강제하기보다는 봄·가을 방학(계절방학)이 교육적으로 정착될 수 있는 환경 조성부터 해야 한다. 계절방학을 도입하기 위한 최소한의 전제조건은 수업시수와 수업일수를 OECD 수준(180~185일)으로 낮추고 여름·겨울방학을 줄이지 않고 재량휴일의 기간을 늘릴 수 있도록 수업시수부터 현실화해야 한다.

이와 함께 계절방학이 아이들의 신체리듬과 교육과정의 흐름 속에 배치될 수 있도록 교사들의 교육과정 재구성 권한을 확대하는 제도적 개선이 먼저 이루어져야 한다. 또한 단기방학이 학원특수로 흡수되지 않도록 부모들의 휴가일을 맞추고, 지역사회와 학교 내 프로그램을 개발, 보급 등 인프라를 구축해야 한다. 계절방학이 성공하기 위해서는 계절방학의 시행여부와 시기 등을 학교구성원 간의 토론과 합의로 이루어질 수 있도록 해야 한다. 효율적인 방학이 되기 위해서는 정부가 시기와 시행을 강제할 것이 아니라 학교가 자발성과 필요성에 따라 기획하고 운영할 수 있도록 해야 한다.

돈을 벌기 위해서라면 수단과 방법을 가리지 않겠다는 논리가 교육을 좌우해서는 안 된다. 학교의 방학이 교육적인 방학이 되기 위해서는 수업시수를 비롯한 수업일수의 축소와 맞벌이 부모의 대책부터 마련해야 한다. 관련부처와의 조율도 없이 교육과정 재구성 권한까지 무시해가면서 오직 관광내수 확대만을 위한 문체부의 '봄(5.1~11)과 가을(9.25~10.5) 단기방학계획'은 폐기해야 한다.

3학년 교실 한번 보여드릴까요?

'교실이 무너진다' '교육이 황폐화됐다'고들 한다. 7차 교육과정이 빚어낸 교육 현실. 신자유주의가 만든 학교는 과연 어떤 모습일까? 고등학교 3학년 교실 속을 한번 들여다보자.

수업을 시작하면 학생들이 공부하는 모습은 각양각색이다. 교사의 강의를 듣는 학생은 몇 되지 않는다. 어떤 학생은 문제집을 풀고 있고 어떤 학생은 아예 엎드려 잠을 잔다. 이상하게도 교사들은 자신의 강의를 듣지 않고 문제집을 풀거나 자는 학생을 나무랄 생각을 하지 않는다. 어떤 학생은 코까지 골아 교실이 한바탕 웃음바다가 되기도 한다.

수업시간에 문제집을 풀거나 잠자는 모습은 새삼스러운 일도 아니다. 밤 10시에 학교를 마치면 학원과 독서실을 전전하다 2시가 넘어서야 겨우 잠자리에 드는 아이들. 아침 6시경에 부랴부랴 일어나 세수를 하는 둥 마는 둥 아침도 그른 채 등교하기 바쁜 학생들이 수업시간에 잠을 청하는 건 어쩌면 당연한 일인지도 모른다.

3학년 ×반 전체 재적생 39명 중 사회과목을 선택한 학생의 분포를 보면 다음과 같다. 사회 문화를 선택한 학생이 22명, 국사 3명, 정치 17명, 경제 13명, 윤리 5명, 세계사 1명, 경제지리 6명, 세계지리 3명, 한국지리 21명, 법과 사회 3명, 한국 근현대사 15명이다. 7차 교육과정에서는 사회과 전체 11과목 중 2~5과목을 선택해 수학능력고사를 치르게 된다. 이런 현실에서는 세계사 시간에는 1명만을 상대로 수업을 해야 한다는 계산이 나온다. 국사, 세계지리, 법과 사회는 각 3명을 대상으로 강의를 하는 셈이고, 윤리 선생님은 5명을 상대로 수업을 해야 하는 것이다. 여기까지는 2004년 9월 내가 재직하던 시절의 얘기다.

지금은 얼마나 달라졌을까? 정년퇴임을 한 지 10년이 다됐기 때문에 현장 감각이 떨어져 후배 교사에게 물어보았다. "지금은 교실에 생기가 돌고 학교도 살아나고 있습니까?" 후배 교사가 답했다. "선생님, 일류대학이 그대로 있는데 학교가 달라지겠습니까? 그때보다 더

했으면 더했지 달라진 건 하나도 없습니다." 학교에서 이제 인성교육마저 해야 한다고 난리지만, 시험문제 풀이로 순위와 서열을 매기는 현실은 달라진 게 없다.

7차 교육과정을 들여다보면 한 편의 코미디를 연상하게 된다. 목표 따로 과정 따로인 과업 수행이란 있을 수 없다. 교육의 목적을 달성하기 위해 마련된 것이 교육과정이기 때문이다. 그런데 지금의 학교는 목표와 교육과정이 따로다. 7차 교육과정 목표 지향적 운영 방안을 보면 '21세기 정보화·세계화 시대의 도래로 산업화 사회의 경제 발전을 위해 견인차 역할을 해왔던 단순 기능인, 단순 지식인 양성을 지양하고 인간의 건전한 인성과 창의성 함양에 노력해야 한다'고 되어 있지만, 그 속을 들여다보면 기가 막힌다. 그렇잖아도 수능의 대상이 아닌 과목이 '기타 과목'으로 홀대받는 상황에서 사교육비를 줄이겠다며 예체능 교과목을 수능에 반영하지 않는 것은 웃기는 일이다. 체육, 음악, 미술 분야는 문외한이어도 지덕체를 겸비한 조화로운 인간이 될 수 있다는 얘긴가?

7차 교육과정은 교육을 공공재가 아닌 상품으로 보고 수요자인 학생들이 자유롭게 선택할 수 있도록 맡겨두자고 한다. 하지만 한 조사에서 원하는 대학과 전공을 고려해 과목을 선택했다는 학생은 전체 학생 중 1명(2%), 친구가 선택하자고 해서 선택했다는 학생은 3명(7%), 좋아하기 때문에 선택했다는 학생은 10명(26%), 부모와 의논해서 결정했다는 학생은 2명(5%)이었다. 결국 장래 직업이나 적성을 고려해서 선택한 경우는 조사 대상 학생의 2퍼센트에 불과했다.

물론 부모가 7차 교육과정 내용이나 자녀의 적성 등을 고려해 교과목을 선택하는 경우도 없지는 않다. 그러나 대부분의 학부모는 입시 전문가도 아니고 교육과정이 무엇인지도 잘 알지 못한다. 결국 학생들은 원칙이나 기준 없이 '선생님이 좋아서' 또는 '친구가 선택하자고 해서' 선택하는 경우가 많다. 자신의 진로를 고려하지 않은 선택은 개성이나 소질과는 처음부터 거리가 멀다. 불확실한 정보로 교과목을 선택해 방황하게 하는 교실에서 개성이 어떻고 창의성이 어떻다고 하는 것은 말장난에 불과하다. 교실이 얼마나 더 황폐해져야 교육부가 반성할까?

"우리나라 수학은
수학이 아니다"

살다 보면 가끔 평범하게 지나친 일들에 대해 뒤늦게 그건 아니었다는 생각이 들어 부끄러움을 느낄 때가 있다. 지난 5월 28일 사교육걱정없는세상이 주최한 '6개국 수학교육과정 국제 비교 컨퍼런스'에서 언론인 서화숙 씨의 토론을 보면서 그런 느낌을 받았다. 토론 중에 이런 얘기가 나온다.

"저는 함수 $f(x)$의 의미를 몰랐습니다. 그러다가 최근 $f(x)$라는 이름의 대중가수들을 보고 나서야 비로소 그 뜻을 알았습니다. 즉 괄호 안에 있는 'x'의 숫자가 달라짐에 따라 'f' 값이 달라지는 것을 $f(x)$라고 표현하는 것이더군요. 제가 그것을 그때서야 발견하고 정말 전율을 느꼈습니다. 그러면서 왜 내가 고등학교 다닐 때 선생님들이 이것을 안 가르쳐주셨을까? 그런 생각을 했습니다."

함수(Function)란 '한 변수(變數)의 값에 따라 결정(決定)되는 다른 변수(變數)를 앞의 것에 대(對)해 일컫는 말'이다. 학생들이 함수를 배울 때 과연 이 말의 뜻을 제대로 이해했을까? 함수라는 말뿐만 아니다. 서화숙 씨가 지적한 '기하'라는 말도 그렇다. 우리말 '기하'는 영어로는 'geometry'다. 한자로는 '幾何'다. 학생들은 기하를 배우면서도 그 말의 의미를 제대로 모른다. 사전을 찾아보니 '기하'란 '도형 및 공간의 성질에 대하여 연구하는 학문'이었다. 쉽게 말하면 '모양'에 관한 학문이라는 얘기다. 서화숙 씨는 "수학이 '모양과 셈'에 관한 학문'이라는 사실을 알았으면 수학 공부를 잘했을 것이라고 지적했다.

오래전 내가 수학을 배우던 시절이 생각난다. 방정식을 배울 때 수학 선생님은 방정식이란 '어떤 문자가 특정한 값을 취할 때에만 성립하는 등식'이라는 개념에 대해서 설명해주지 않았다. 일본 선생님에게 배웠기 때문인지 모르겠지만, 당시 수학 선생님은 일본어인지 영어인지 구별하기 어려운 발음으로 수학을 가르쳤다. 예를 들어 'x+9=15'라는 문제가 있으면 '엑스 뿌라스 9 이꼬루 15'라고 읽던 선생님의 발음을 지금도 생생하게 기억하고 있다.

요즈음 학생들도 이런 표현에 익숙해 있기는 마찬가지다. '이꼬루'니 '뿌라스' 같은 말을 이상하게 생각하지 않는다. 서화숙 씨는 왜 "우리나라 수학은 수학이 아니다"라고 했을까? 수식을 표현하는 말에서 보이듯 우리나라 수학 교육은 국적이 없다. 미국식 수학을 일본 발음으로 가르친다. 아무리 도구교과인 국어, 영어, 수학일지라도 개념을 제대로 이해하지 않으면 암기교과 이상도 이하도 아니다. 수학을 왜 공부해야 하는지, '함수'니 '기하'니 '방정식'이니 하는 용어의 뜻이 무엇이며, 그것이 우리 생활과 어떻게 연관되어 활용되는지를 알지 못한 채, 시험을 대비해 암기하는 학생이 대부분이다.

서화숙 씨가 지적한 우리나라 수학의 문제점을 더 들여다보자. 그는 "수학이 왜 암기과목이냐 하면, 수학적 용어를 이해하지 못하면 수학의 지식을 이해하지 못하게끔 하고 있기 때문"이라고 했다. 맞는 말이다. '소인수분해(素因數分解)'라는 단어는 '합성수를 소수의 곱으로 나타내는 것'을 뜻하지만, 소수(素數)나 합성수(合成數)라는 개념이 뒷받침되어야 한다. 또한 '무리수(無理數)'는 '합리적으로 이해되지 않는 수'를 의미하지만 영어인 'Irrational number'라는 의미를 이해하지 못하면 당최 무슨 말인지 이해할 수 없다. 그는 '순서'와 '양'을 뜻하는 '기수'와 '서수'도 왜 우리말로 풀이하지 못하고 어려운 한자어를 그대로 쓰는지 이해가 안 된다고 했다.

그러고 보니 나도 수학을 그렇게 배웠다. '소수'라는 말에는 '1과 자기 자신만으로 나누어떨어지는 1보다 큰 양의 정수'를 의미하는 '소수(素數, prime number)'도 있고, '적은 수효'를 의미하는 '소수(少數)'도 있다. 그런데 당시 수학 선생님들은 이런 의미를 제대로 구별하지 않고 가르쳤고 우리는 그렇게 배운 기억이 난다.

서화숙 씨의 지적에 공감하게 되는 이유는 학창시절을 경험한 모

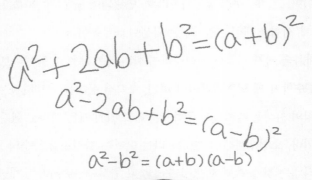

든 사람이 똑같이 겪은 고통의 시절(?)을 잊고 그대로 후배들에게 대물림하고 있지만, 수학계는 물론 수학담당 선생님조차 이런 현실을 바꾸려는 의지가 없기 때문이다.

서화숙 씨는 수학자가 아니라 언론인이다. 전공자가 아닌 사람의 눈에는 보이는데 왜 수학을 전공한 학자나 수학교사들 눈에는 이런 모순이 보이지 않는 걸까? 그의 지적은 끝이 없다. '연산(演算)'을 왜 '계산(計算)'이라고 하면 안 되는지, '근(根)'이니 '해(解)'라는 말도 '한국말이지만 이해할 수 없는 말'이요, '일상에서 쓰이지 않는 수학에서만 배우는 말'이 되고 있는지… 수학의 용어를 고치지 못하고 있는 이유가 무엇인지 궁금하다고 했다.

원론만 가르치고 현실을 가르치지 않는 교육. 그래서 학교의 우등생이 사회의 열등생이 되는 것일까? 사람을 사람답게 키우자는 교육의 목적은 방기한 채 도구교과인 수학까지 암기시켜 시험을 준비하게 하는 학교, 삶을 안내하지 못하는 교육…. 교과서가 시험을 준비하는 수단이 아니라 삶을 안내하는 도구가 될 날은 언제쯤일까?

욕망의 노예가 된
사람들

'멘붕'이라는 말이 있다. '멘탈 붕괴'의 줄임말로 '정신이 무너질 정도로 충격을 받은 상태'를 일컫는 말이다. 2000년

대 초 무렵, 일본의 인터넷 커뮤니티 사이트에서 처음 등장해 유행어 1위에 오르기도 했던 신조어다. 요즈음 세상 돌아가는 꼴을 보면 실로 '멘붕'이라는 말이 생각난다. 욕망으로 방향감각을 잃고 헤매는 사람들을 보면 그렇다. 소비지향적인 사회, 목적전치의 시대, 살아남기 위해 끝없는 경쟁에 매몰되는 사람들….

욕망이라는 말이 나왔으니 하는 말이지만, 자본주의는 인간의 욕망을 충족시키기 위해 만들어진 제도라는 생각이 든다. 욕망의 무한 질주를 용인하면 자연은 인간의 편의를 위해 존재하는 정복의 대상에 불과하다. 고속도로를 만들어 삶의 터전을 잃어버린 뭇 생명체에 대한 배려가 없다. 어디 자연 파괴가 고속도로에 국한될까? 구제역과 조류독감으로 수천, 수만의 돼지나 소, 닭이나 오리 등을 생매장하는 모습을 보면 '인간으로 태어난 게 부끄럽다'는 생각마저 든다.

우리 몸을 따뜻하게 하는 오리털 점퍼는 어떻게 만들어지는가? 오리를 산 채로 털을 뽑는 동영상을 보면 몸서리가 난다. 오리가 인간의 욕망을 위해 그런 고통을 당한다는 게 믿어지지 않았다. 오리털이 들어간 옷을 입고 '내가 너보다 이렇게 돈이 많은 사람이야!'라고 과시하는 사람들이 과연 오리의 고통을 알기나 할까? 죽이면 털을 다시 뽑아 돈을 벌 수 없기 때문에 산 채로 털을 뽑고 털이 자라면 또 뽑는 인간의 무자비함을 형용할 길이 없다.

2011년 5월 중국 남동부 장쑤성(江蘇省)에서 재배하던 수박이 갑자기 폭발하는 사태가 잇달아 일어났다. 알고 보니 우기에 성장촉진제를 과도하게 사용한 게 원인이었다. 달루 마을의 수박 재배농 류밍

수오는 "올해 처음으로 수박을 심었으며 지난 6일 성장촉진제 포르클로르페누론과 인스턴트 칼슘제를 살포했는데 다음 날 약 180개의 수박이 폭발했다"고 밝혔다.

성장촉진제가 어디 수박에만 사용되겠는가? '이윤의 극대화'를 추구하는 자본주의 사회에서는 소, 돼지, 닭, 오리 등은 물론 바다에서 양식하는 어패류에까지 두루 사용되고 있는 현실이다.

공장식 축산으로 키운 먹거리를 먹고 사는 사람들의 건강은 과연 괜찮을까? 인스턴트식품이나 육류, 유제품을 다량 섭취하게 되면 동물성지방 성분이 성호르몬 분비를 촉진해 사춘기가 빨리 오게 되는 부작용이 있다는 것은 학자들에 의해 이미 밝혀진 지 오래다. 식물의 내성을 강화한다는 목적으로 개발되는 유전자변형식품(GMO, genetically modified food)은 실로 다양하다. 제초제에 내성이 있는 콩이나 옥수수, 해충에 강한 저항성을 보이는 목화 등 온갖 종류의 인공적 산물이 자연을 오염시키고 있다. 실제로 GMO 식품은 생태계를 파괴할 뿐 아니라 인간의 면역체계를 약화시켜 아토피, 불임과 난임, 자폐증, 성기능 약화 등의 문제가 확인되었으며 아직 어떤 피해를 야기할지 확인조차 하기 어려운 경우도 많다고 한다.

'식품첨가물' 쪽으로 시선을 돌리면 이건 그야말로 마술의 현장이다. 식품첨가물은 '식품을 조리, 가공 또는 제조할 때 보존기한을 늘리거나 색깔, 맛, 모양을 좋게 하기 위해 인위적으로 첨가하는 화학합성품'을 말한다. 그런데 식품첨가물은 우리 몸 안에 들어오면 50~80퍼센트만 배출되고 나머지는 몸속 지방에 쌓여 무서운 독성을 가진 화학물질로 변하기도 하는 위험성을 내포하고 있다. 인간이 만든 약 2만 종의 합성물질 가운데 식품에 직간접적으로 첨가되고 있는 성분은 3800여 종인데, 그중에 발암성, 돌연변이성, 기형성, 유해성 테스트를 거친 물질은 극히 일부에 지나지 않는다. 우리나라 식약청이 허가한 첨가물은 총 614종과 향료 기초물질 1800여 종이라고 한다. 현대인들은 하루에 보통 80여 가지 식품첨가물을 섭취하는데 1년이면 그 양이 4킬로그램이나 된다고 한다.

10살 전후로 20킬로그램 정도 나가는 아이가 햄 1조각만 먹어도 하루 제한량에 도달하는 '아질산나트륨'은 아이들이 많이 먹는 과자, 빙과류, 젤리류에 들어 있는 타르계 색소다. 이것이 인종, 연령, 성별 혹은 몸의 상태나 생리적인 특징 등을 고려한 것이 아니라는 사실을 알고서 구매하는 주부들이 과연 얼마나 될까? 세균류 성장 억제 및 방지를 위해 첨가되는 방부제(소르빈산칼륨·벤조산나트륨)는 발암성물질로서 중추신경을 마비시키고, 간 장애 등을 일으킬 수 있다. 이런 식품첨가물이 치즈, 고추장, 춘장, 단무지, 어묵 등에 첨가되어 있다. 설탕의 수백 배에 달하는 단맛을 내는 감미료(둘신·사카린 나트륨)는 청량음료, 과자, 간장, 빙과류에 첨가되는데 이는 소화기, 콩팥 장애를 일으키는 발암성 물질이다.

보존료, 산화방지제, 감미료, 착향료, 발색제, 유화제, 산도조절제, 팽창제, 고결방지제 등으로 쓰이는 다양한 화학첨가물들. 전문가가 아니고서는 알아듣지도 못하는 생소한 화학첨가물이 우리가 모르는 사이 우리의 먹거리를 잠식하고 있다. 하지만 놀랍게도 이런 첨가물의 위험성을 논할라치면 '그런 걸 다 골라내면 먹을 게 없다'는 등 용감무쌍(?)한 발언을 하는 사람들이 있다. 하루가 멀다 하고 방영되는 텔레비전의 의학상식 코너를 보면 무슨 병에는 어떤 약이 좋다느니 하면서 대중의 건강을 염려하는 듯하지만, 알고 보면 그런 친절한 안내 이면에 제약 마피아들의 숨은 질서가 있다는 사실을 알고 있는 시청자가 얼마나 될까?

인간의 건강을 위협하는 먹거리가 어디 유전자 변형식품이나 식품첨가물뿐이겠는가? 오늘날 지구는 거대한 핵폐기물 처리장이 되고 있다. 오염된 바다에서 잡아 올린 수산물과 항생제와 성장촉진제가 난무하는 양식장에서 키운 수산물이 얼마나 안전할지 걱정이다.

인간의 욕망이 만드는 세상, 인간 중심의 세계관이 판을 치는 세상, 아집과 탐욕을 버리지 못하는 중생들의 이기심으로 하루가 다르게 자연이 파괴되고 지구가 병들고 있다. 탐욕의 끝에서 교육이 설 자리는 어디인가?

학교급식 예산 삭감은 교육의 포기다

박근혜 대통령은 지난 대선에서 수많은 복지공약을 앞세웠다. 교육과 연관된 것만 해도 ● 고교무상교육, ● 반값대학등록금, ● 학급당학생 수 선진국 수준으로 감축, ● 무상보육 확대, ● 무상 초등돌봄 실시, ● 고교 무상·의무교육 단계적 확대, ● 저소득층 방과후학교 자유수강권 확대, ● 다양한 〈교육방송〉(EBS) 맞춤 프로그램으로 사교육 부담 완화, ● 국가장학금 추가지원 및 학자금 대출이자 인하, ● 취약지역 국공립 어린이집 및 유치원 증설…. 이 정도면 교육복지 국가가 부럽지 않을 정도다. 여기다 꿈과 끼를 살리는 교육을 하겠다는 약속까지 내세웠다. 그런데 이들 공약 중 하나라도 제대로 지켜지는 게 있을까?

고교무상교육과 학급당 학생수 감축 공약은 감쪽같이 사라졌고, 반값등록금 공약은 누더기가 되었다. 급기야 무상보육도 파탄위기에 놓였다. 무상보육에 필요한 4조 원에 달하는 재정 부담을 시·도교육청에 일방적으로 떠맡긴 것이다. 더구나 2015년 지방교육재정교부금을 1조 3000억이나 깎아 놓고 시·도교육청에 어린이집 보육료까지 떠넘기는 것은 파산 선고나 다름없다. 대통령의 공약사항을 은근슬쩍 시·도교육감에게 떠넘기면서 교육청을 재정 파탄 위기로 내몰고 있는 셈이다.

결국 최경환 기획재정부 장관과 황우여 교육부 장관은 전례 없는 합동기자회견을 열어 교육청에 빚을 내거나, 무상급식 축소 등 예산 구조조정을 하라며 압박했다. 황우여 장관은 노골적으로 무상급식 예산 5000억을 무상보육예산으로 전환할 것을 요구하고 나섰다. 중앙정부에서 무상급식을 공격하자, 홍준표 경남도지사는 장단을 맞추기라도 하듯 무상급식 예산 지원 중단을 선언했다.

대체 학교급식을 왜 시작했을까? 학교급식과 관련된 법 조항은 이에 대해 어떤 방향을 제시하고 있는지 한번 살펴보자.

— 의무교육은 무상으로 한다. (헌법 제31조 3항)

— 이 법은 학교급식 등에 관한 사항을 규정함으로써 학교급식의 질을 향상
  시키고 학생의 건전한 심신의 발달과 국민 식생활 개선에 기여함을 목적
  으로 한다. (학교급식법 제1조)

— 국가와 지방자치단체는 양질의 학교급식이 안전하게 제공될 수 있도록
  행정적·재정적으로 지원하여야 하며, 영양교육을 통한 학생의 올바른 식
  생활 관리능력 배양과 전통 식문화의 계승·발전을 위하여 필요한 시책을
  강구하여야 한다. (학교급식법 제3조 1항)

— 국가 또는 지방자치단체는 학교급식법 8조에 의하여 보호자가 부담할 경
  비의 전부 및 일부를 지원할 수 있다. (학교급식법 제9조 1항)

— 학교의 장은 올바른 식생활습관의 형성, 식량생산 및 소비에 관한 이해 증
  진 및 전통 식문화의 계승·발전을 위하여 학생에게 식생활 관련 지도를
  하며, 보호자에게는 관련 정보를 제공한다. (학교급식법 제13조)

학교급식은 성장기 학생들의 발육에 필요한 영향을 합리적으로 공
급함으로써 심신의 조화로운 발달을 도모하고 합리적인 식생활의
실천으로 올바른 식습관을 갖추게 함으로써 학생 각자의 건강관리
능력을 길러 건강을 유지·증진하기 위해서다.

요즘 성장기 학생들의 생활은 어떤 모습일까? 불규칙한 식사와 편
식, 폭식, 트랜스지방 함량이 높은 패스트푸드의 지나친 섭취와 같은

잘못된 식생활로 영양섭취의 불균형을 초래하는가 하면, 비만아동과 저체중 아동이 점점 증가하는 추세다. 운동부족이나 잘못된 식습관으로 많은 청소년이 성인병을 앓고 있는 현실을 더는 두고 볼 수 없어 교육으로 이 문제를 풀어보자고 도입한 것이 바로 학교급식이다.

학교급식은 세금으로 부자 아이들에게 공짜 밥을 먹이는 게 아니라 국어, 영어, 수학처럼 교육을 위해 도입한 교과목이다. 예산이 부족하다는 이유로 미술이나 체육 과목을 포기한다는 생각을 할 수 있는가? 초등학교와 중학교는 의무교육 기간이다. 의무교육을 위해 도입한 학교급식의 예산을 삭감하겠다는 것은 교육을 포기하겠다는 말과 다를 바 없다. 누구든 차별 없이 의무교육의 수혜를 받아야 하듯, 빈부의 차이에 관계없이 급식교육 또한 똑같이 이뤄져야 한다.

교육부가 제출한 '2015년도 학교급별·시도별 무상급식 실시 현황'을 보면, 올해 3월 기준 전국 1만 1573개 초·중·고에서 무상급식을 시행하는 학교는 7805곳(67.4%)으로 조사되었다. 전체 1만 1483개 초·중·고교 중 8351곳(72.7%)이 무상급식을 했던 지난해보다 5.3퍼센트포인트 줄어든 것이다. 학교별 무상급식 비율은 초등학교에서 지난해 94.1퍼센트에서 올해 87.3퍼센트로, 중학교는 76.3퍼센트에서 72.2퍼센트로, 고등학교는 13.3퍼센트에서 10.1퍼센트로 하락했다. 무상급식 실시 비율이 가장 높은 광역지자체는 전남(94.5%)이며, 경남을 제외하고는 대구(19.67%)가 가장 낮았다. 보수 성향 지자체장·교육감이 있는 지역에서 무상급식이 더디거나 대폭 후퇴하고 있는 셈이다.

무상급식 학교가 줄어든 이유는 경남도가 4월부터 무상급식 예산

지원을 중단키로 한 영향이 컸다고 한다. 지난해 3월 경남 지역에서 무상급식을 한 학교는 76.3퍼센트였으나 올해는 한 곳도 없는 것으로 집계되었다. 강원도의 무상급식 비율은 지난해 88.9퍼센트에서 올해 88.1퍼센트로 소폭 감소했다.

가난한 지자체로 알려진 강원도의 무상급식 지원비는 대략 3000억 전후로 전체 예산의 약 0.81퍼센트에 해당한다. 이에 반해 경남도의 무상급식 한 해 예산인 1286억 원은 경남도 전체 예산의 0.35퍼센트 수준에 불과하다. 가난한 강원도조차 무상급식비 지원에 아무런 문제가 없는데 경남도는 예산 부족을 탓하며 지원을 못한다고 하고 있으니 누가 거짓말을 하고 있는지 고스란히 드러난다.

무상보육은 권력의 시혜가 아니다. 4대강 사업에 혈세 20조 원 이상을 흘려보낸 정부도 있는데 연간 7000억 원가량의 예산 때문에 무상보육을 포기한다는 게 말이 되는가? "2012년까지 0~5살의 보육비를 전액 지원하겠다"고 한 게 누군였는가? 무상보육은 2012년 박근혜 대통령의 주요 대선공약이었다. 그런데 인제 와서 진보교육감을 길들이겠다고 무상급식 예산 5000억 원을 무상보육 예산으로 전환하는 행태는 비열하기 짝이 없다. 아이들의 보육과 학생들의 밥그릇을 빌미로 중앙정부, 지방정부, 시·도교육청이 벌이고 있는 대립과 갈등은 참으로 꼴사납다. 박근혜 정부는 무상보육, 고교무상교육뿐 아니라 학급당 학생수 감축, 대학반값등록금 등 실종된 교육복지 공약을 조속히 이행하기 바란다. 거짓말은 지금까지 한 것으로 족하지 않은가?

4부

'아이의 인생을 망치는 과욕'에서
벗어나기

사랑은 약이기도 하고 독이기도 하다. 잘못된 사랑은 자식을 망친다.

제 자식이니까, 제 욕심대로 키우겠다는 생각을 떨치지 못하는

부모 때문에 아이들도 하루가 다르게 지쳐가고 있다.

잘못된 사랑은 선(善)이 아니다.

자식을 독립된 인격체로 인정하는 성숙한 부모로 바꾸어야 한다.

그것이 내 아이만이 아닌 모든 아이가 행복한 세상을 만드는 지름길이다.

건강보다 아이의 성적이
중요하다는 엄마

"김용택 선생님이시죠?"

"그런데요, 누구신지요?"

"저~ 기억하실지 모르겠습니다만, 7~8년 전에 ○○고등학교 같이 근무했던 이××입니다."

"아~! 선생님이 웬일로 제게 전화를 다 하시고…. 그동안 잘 지내셨습니까?"

"예, 선생님을 꼭 만나 뵈어야 할 일이 있어서요."

"저를요? 전화로 하시면 안 될 얘깁니까?"

"예 만나 뵙고 말씀드릴 게 있어서요, 바쁘시겠지만 시간을 꼭 좀 내주십시오."

오래전 얘기다. 전임지에서 특별히 친하게 지내지는 않았던 선생님이다. 인구가 많은 지역의 학교에서는 같이 근무해도 같은 과목, 같은 학년이 아니면 지나치면서 인사나 할 정도다. 나이 차이도 나고 여자 선생님이라 특별히 가깝게 지낼 이유도 없었다. 그런 선생님이

나를 좀 보자는 것이었다. 전화로 하면 안 되겠느냐고 했지만, 기어코 저녁 약속을 하고 식당에서 마주 앉았다.

남편이 대학에 근무한다는 것도 처음 알았다. 교육자 집안에서 공부 잘하는 아들 하나 딸 하나… 남부러울 게 없는 행복한 가정이었다. 그런데 그 선생님 아들이 내가 근무하는 학교에 다닌다고 했다. 현재 1학년 A반 반장이라고 했다. 중학교까지 반에서 줄곧 1, 2등을 도맡아 했던 애란다. 그런데 고등학교에서 차츰 성적이 떨어져 10등, 15등으로 밀려나더니 2학기 중간고사를 치고 나서는 아예 성적표조차 감춰놓고 보여주지 않는다는 것이다.

여기까지 말하기가 무척 힘들었던 모양이다. 아들의 성적에 대해 얘기하는 게 자존심 상해 쉽지 않은 듯했다. 이성 문제는 아니라고 했다. 남편에게 말도 못하고 혼자서 끙끙 앓다가, 내가 아들이 다니는 학교에 근무한다는 사실을 알고 어렵게 전화를 한 것이다. 아들의 성적이 떨어지자 하늘이 무너지는 것 같았단다.

놓으면 꺼질 새라, 불면 날아갈 새라 하자는 것 갖고 싶은 것 원하는 대로 다해줬다. 엄마의 그런 사랑이 성민이(가명)한테서 스스로 판단하고 결정하는 능력을 앗아갔다. 공부도 시간표를 짜준 대로 학원이며 학교를 다람쥐 쳇바퀴 돌듯 오갔다. 헛말로도 반항 한번 할 줄 모르는 모범생이었다고 한다. 덩치는 컸지만 엄마의 결정에 따라 움직이는 나약한 마마보이로 자랐다.

성민이의 성적이 떨어지기 시작하자 엄마는 안절부절 못 했다. 불안감을 감추지 못하자 성민이는 엄마의 눈치를 보기 시작했다. 학교에 가기 싫어할 뿐 아니라 시험 치는 날 배가 아파 시험 도중에 병원으로 실려 가야 했다고 한다. 듣다 보니 집안 분위기가 어떨지 짐작이 가고도 남았다.

나를 찾아온 이유는 아이가 시험을 망쳤으니 병원에 간 날 시험성적을 구제받을 길이 없느냐는 것이었다. 시험을 치르지 않았으면 지난번 시험 점수의 몇 퍼센트라도 받을 수 있지만, 시험 중간에 병원에 갔으니 0점 처리가 되기 때문이다. 이대로 가다가는 SKY 대학은커녕 서울에 있는 대학에 보내기조차 힘들겠다는 것이다.

이럴 수가! 엄마라는 사람이, 아이의 건강보다 점수 걱정이라니…. 차라리 만나지 않았으면 좋았겠다는 생각이 들었다.

어려운 얘길 하지 않을 수 없었다. 나이 차이도 나고 해서 선생님에게 진정으로 아이를 위하는 길이 무엇인지 말해주는 게 도리라는 생각이 들었다.

"성민이가 이렇게 된 건 엄마 책임이 더 크네요! 지금은 점수가 아니라 아이의 정서가 문제입니다. 이렇게 아들을 막다른 골목으로 내몰면 무슨 일이 생길지…."

성민이 엄마는 내가 자기 말에 동조해 시험을 치다 병원에 간 날 점수 걱정을 해줄 줄 알았던 모양이다. 내친김에 할 말을 다 해야겠다는 생각에서 말을 이어갔다.

"잘 아시겠지만 성민이는 지금 한계상황까지 와 있습니다. 아들의 인내심이 어디까지라고 생각하십니까? 만약 성민이가… 잘못되면… 성민이 엄마의 생각부터 바꿔야 합니다!"

단호하게 말하고 끊었다. 더 말할 필요를 느끼지 못했기 때문이었다. 성적이나 체면이 아니라 아들의 건강을 걱정한다면 자기성찰의 태도를 보여야 옳다. 그런데 선생님은 아들에 대한 지나친 기대, 자신의 사회적 체면 때문에 남편이 알게 될까 두렵고 무서웠던 것이다. 아들을 여기서 포기하면 자신이 믿고 기대했던 모든 것이 한꺼번에 무너진다고 생각하고 있었다.

그 일이 있고 나서 여러 차례 성민이를 상담했지만 엄마의 가정교육에 순치되어 있어, 담임도 아닌 내가 해줄 수 있는 일에 한계를 느낄 수밖에 없었다. 성민이 담임과 상담도 하고 이런저런 시도를 해봤지만 별 효과가 없었다. 결국 성민이 엄마는 학년말 고사가 끝나기도 전에 아이를 자퇴시키고 말았다.

상대방이 싫다는 데 일방적으로 좋아한다며 속을 내보이는 사람을 좋아할 사람이 있을까? 진정으로 상대방을 사랑한다면 조금씩 관계를 쌓아가는 것이 대인관계의 비결이다. 연인 간의 사랑만 그런 건 아니다. 부부 간의 사랑도, 부모 자식 간의 사랑도, 일방통행은 지혜롭지 못하다. 우리 조상들은 자녀를 어떻게 사랑했을까? 옛날 사람이라고 자식 사랑이 요즘 사람과 다를 리 없겠지만, 드러내놓고 사랑 표현을 하지 않았다. 어른 앞에서 혹은 남들 앞에서 표현했다가는 여지없이 푼수 취급을 받았다.

고슴도치도 제 새끼는 함함하다고 한다 했던가? 세상에 제 자식을 밉게 여기는 부모가 얼마나 있을까? 대개 자식 사랑이 지나쳐 '이 아이는 천재가 아닐까?' 하는 착각에 빠질 때가 있다. 미운 짓을 해도 시간이 지나면 잊고, 무엇을 하든지 귀엽고 예쁘기만 하다. 사랑에 취하면 객관적으로 보지 못하기 때문이었을까… 옛사람들이 드러내지 않고 절제하며 자식에게 매를 든 이유가 있을 것이다.

사랑은 약이기도 하고 독이기도 하다. 잘못된 사랑은 자식을 망친다. 요즘 젊은 부모 가운데 그런 사람을 더러 본다. 자식이 하자는 대로, 좋다는 건 뭐든지 해주고, 행여 남에게 뒤질 새라 유치원이며 학원이며 고액과외마저 마다하지 않는다. 돈이 없으면 빚을 내서라도 기어이 해주고 만다. 제 자식이니까, 제 욕심대로 키우겠다는 생각을 떨치지 못하는 부모 때문에 아이들도 하루가 다르게 지쳐가고 있다. 잘못된 사랑은 선(善)이 아니다.

자녀는 독립된
인격체다

초·중·고등학교 방학이 시작되어도 정작 아이들은 쉴 틈이 없다. 약 한 달 정도의 방학에도 초등학생과 중학생들은 지금까지 다니던 영어, 수학 학원을 비롯해 피아노, 미술, 태권도 학원을 더 다니기도 한다. 입시를 앞둔 고등학생들은 이름만 방학일 뿐 달라질 게 없다.

"학생은 성적, 학부모는 사교육비, 교사는 무너진 교권 때문에 불행하다."

오죽했으면 지난 대선 때 경선 후보 가운데 한 사람은 이런 한탄까지 했을까? 학생들이 행복한 학교를 만들 수는 없는 걸까? 오늘날 한국의 어린이와 청소년들은 보장되지 않는 미래의 행복을 위해 삶을 저당 잡혀 있다. 어이없게도 이런 현실을 수수방관하거나 어쩔 수 없다고 한탄하면서 아이를 사교육 경쟁으로 내모는 학부모가 태반이라는 사실이다.

자녀를 양육하는 학부모들의 교육관은 과연 어떤 상태일까?

'지면 죽는다!'

이 땅의 학부모들은 군사훈련의 구호 같은 결사항전(?)의 신념으로 아이들을 키운다. 자녀교육 관련 강좌를 빼놓지 않고 찾아다니며 배우고, 컴퓨터를 검색해 교육 관련 정보를 섭렵해 어떻게 하면 우리 아이를 남보다 더 훌륭하게 키울 수 있는지를 궁리하는 데 시간을 아끼지 않는다. 끼니마다 5대 영양소를 꼭꼭 챙기고 비타민이며 칼슘이며 아이에게 좋다는 영양제도 빼놓지 않고 챙겨 먹인다.

이렇게 지극정성을 다하는 엄마는 아이가 어떤 모습으로 자라길 기대할까? 국어, 영어, 체육, 미술, 음악 등 전 과목을 잘하는 만능 인간이 되기를 바라는 부모는 그나마 양반이다. 아이가 시험에서 100점을 받기만 하면 아이의 평상시 행동이나 성격이 어떻든지 모든 것을 용인해버리는 극성스런 부모도 많다. 그런데 부모의 욕심과 다르게 아이가 나약한 마마보이로 자라고 있다는 사실을 눈치 채지 못하는 부모가 많다. 놓으면 꺼질 새라 불면 날아갈 새라 노심초사하며 아이를 위해서라면 제 한 몸 부서지는 한이 있더라도 해줄 수 있는

가장 좋은 것을 주면 그것으로 족하다고 잘못 알고 있기 때문이다.

극진한 사랑을 받으면서 자란 아이는 과연 어떤 모습일까? 엄마가 도와주지 않으면 아침에 일어나 무슨 옷을 입어야 할지, 무엇을 먹어야 할지, 학교에 다녀와서 무엇을 해야 할지 모를 정도로 아이들이 삶의 방향감각을 잃어버리고 있다. 언제부터인지 아이들이 부모의 인형처럼 자라고 있다.

아이를 어떤 존재로 생각하는가? 이는 부모의 자녀관이 어떤지를 묻는 질문이자 동시에 아이를 어떻게 키울지를 결정짓는 근본적인 질문이기도 하다. 우리나라 학부모들은 자식을 독립적인 인격체로 대하기보다 '우리 가문을 빛낼 사람' 혹은 '내가 못다 이룬 꿈을 실현시켜 줄 존재'로 보는 경향이 강하다. 훗날 자신의 삶을 살아갈 인격체로 인정하기보다 가문의 구성원이나 부모의 분신으로 인식하는 것이다.

자녀관이 뒤틀리면 아이가 가진 고유의 능력이나 가능성을 찾아 행복하게 살 수 있도록 해주는 안내자로 만족하기보다 그 이상의 욕심을 부리게 된다. 아이가 먹고 입고 뛰노는 것조차 아이 본인이 아니라 부모의 취향에 따라 선택된다. 점차 아이는 스스로 결정하고 판단할 기회를 박탈당하게 된다. 그런데도 부모는 말한다. 이게 다 너를 위해서라고.

정상적이지 않은 자식 사랑의 결과, 아이는 다 자랐지만 자기밖에 모르는 이기적인 사람이 되고 만다. 공부는 잘하지만 경제관념이 없고, 민주의식도 없어 자본의 충실한 노예로 일할 뿐이다. 그런데도 치

우친 자식 사랑은 그칠 줄을 모른다. 대학 등록금이며 용돈이며 각종 궂은일을 도맡으면서 나중엔 결혼비용까지 부모가 감당한다. 결혼 후에도 생활비를 보모가 대주는 경우도 많다. 성인이 된 자식을 위해 주택을 마련해주고 손자와 손녀까지 양육해주는 것을 자식 사랑이라고 여기는 부모가 많다. 그러다 퇴직금까지 자식의 사업자금으로 내주고 끝내 늙고 병든 몸을 의탁할 곳 없어 자식에게 배신감을 느끼며 노후를 불행하게 보내는 사람들도 있다.

물론 무한경쟁을 당연시하는 사회의 구조적인 모순에 원죄가 있다. 그러나 대부분의 부모는 비정상적인 사회를 바로잡아 내 자식만이 아니라 모든 아이가 같이 행복한 세상을 만들 생각을 하기에 앞서 근시안적인 자식 사랑에 매몰된 채 앞을 향해 내달리는 불행한 삶을 선택한다. "내 자식만 출세하고 성공할 수 있다면…"이라는 주문을 외우며 말이다.

지나친 자식 사랑이 아이를 병들게 하고 있다. 사람도 결국 자연 속에서 태어나 자라는 수많은 생명의 일부에 불과하다. 식물이 자라는 데 햇볕과 물과 공기가 필요하듯, 사람 또한 흙을 밟으며 새소리와 바람소리를 들으면서 자연의 혜택을 듬뿍 누리며 자라야 한다. 꽃이 왜 피고 열매가 어떻게 맺는지, 바람이 왜 불며 빗방울은 어떻게 해서 떨어지는지, 우리를 살찌우는 먹을거리들이 어떤 과정을 거쳐 식탁에 오르는지, 농부와 어부들이 흘린 땀방울이 얼마나 가치가 있는지… 대자연의 운행을 통해 하나하나 보고 듣고 배우면서 자라야 한다.

아이들은 놀면서 배운다. 친구 하나 없이 자라는 아이가 어떻게 행복하겠는가? 영양소를 골고루 섭취해야 건강을 유지할 수 있듯이 엄마, 아빠의 사랑 외에 친구의 우정도 필요하다. 학교, 학원, 집을 다람쥐 쳇바퀴 돌듯 자라는 아이들이 어떻게 성숙한 인격을 갖출 수 있을까? 극성맞은 엄마들은 학원이나 학교에서 배우는 공부만 소중하게 생각할 뿐 친구들과 놀이를 통해 배우는 공부가 얼마나 소중한지 모른다. 놀이는 질서를 배우고 우정을 나누는 귀중한 배움터다. 인내심과 양보하는 마음, 신뢰와 책임감, 배려와 소통을 놀이가 아니면 대체 어디서 배우겠는가?

사람이 살아가는 데 우리말을 잘하는 능력이나 계산하는 능력, 과학적인 사고력이 중요하긴 하다. 하지만 이런 능력이 밝고 맑은 심성과 서로 사랑하고 믿고 양보하고 배려하는 마음보다 더 중요한 것일까? 옳고 그름을 분별할 줄 알고, 해도 괜찮은 일과 해선 안 되는 일을 판단할 줄 알고, 부모와 가족에 대해 사랑과 감사를 표현할 줄 알고, 유년의 추억이 깃든 고향을 소중히 여길 줄 알고, 우리 문화와 민족을 사랑할 줄 아는 성숙한 사람으로 자녀를 양육하고 싶지 않은가? 그러려면 자식을 독립된 인격체로 인정하는 성숙한 부모로 바뀌어야 한다. 그것이 내 아이만이 아닌 모든 아이가 행복한 세상을 만드는 지름길이다.

"교과서 없으면 좋겠다"는
장학사

"사교육 좀 시키지 마세요!" "교과서가 없으면 좋
겠습니다."

현직 장학사가 강의 중에 한 말이다. 그는 '공부하기 싫은 아이에게
억지로 공부를 시켜서야 되겠느냐'고도 했다. 거침이 없었다.

"성실한 마음, 근면한 생활태도, 책임감을 흑판에 뜻이나 적고 암기
한다고 길러지겠습니까? 그렇게 죽기 살기로 학원에 보내 얻은 교과
점수 내신 반영은 20퍼센트뿐인데 학부모들이 허리를 펴지 못하고
학원에 왜 보내지요? 동아리 활동이나 체험학습이며 하고 싶은 걸
할 수 있도록 하면 그게 생활기록부에 포트폴리오로 기록돼 대학입
시에 유리하게 반영되는데….'

지난 6월 17일 세종시교육연구원 '제1기 교육거버넌스 시민역량
강화 연수'에서 경기도시흥교육청 안선영 장학사가 진행한 강의는
그야말로 감동적이었다. 그는 세종교육시민회의 회원과 자발적으로
참여한 학부모들에게 충격적(?)인 말로 강의를 이어갔다.

나는 그가 강의를 시작하기 전 솔직히 큰 기대를 하지 않고 있었다.
그도 그럴 것이 교직생활 40년 동안 장학사에 대한 좋은 인상을 별로
받지 못했기 때문이다. 장학지도가 있는 날이면 아침부터 학교는 시
끌벅적해진다. 대청소를 하고 시청각 자료 준비며 흑판에는 수업 목
표를 적고…. 평소 떠들고 장난치던 아이들조차 긴장해서 하나같이

'범생이'가 된다. 교사들의 복장도 달라진다. 어쩌다 선생님들이 정장(양복 차림)을 입고 등교하는 날이면 아이들은 으레 "선생님, 오늘 장학사 와요?" 하고 물을 정도였다.

하지만 안선영 장학사의 강의는 초반부터 재미있게 풀어내는 달변도 인상적이었지만 그 내용이 실로 충격적이었다. 마치 시민단체가 주최하는 강연에서 전교조 선생님이 하는 이야기 같았다.

'학생들이 하고 싶은 공부를 하게 하자.' 어쩌면 현실을 모르는 꿈같은 얘기를 하는 것 같지만, 그의 주장은 황당한 얘기가 아니라 실천 사례를 발표하는 자리였기에 설득력이 있었다. 나는 강의를 들으며 '장학이란 바로 저런 것이 아닌가!' 하면서 마음속으로 탄복했다. 오늘날 학교가 30~40년 전이나 지금이나 달라진 게 별로 없기에 하는 말이다.

교사는 교과서를 가르치는 사람이요, 학생은 좋든 싫든 선생님이 흑판에 필기하는 것을 받아 적고 잘 외워서 성적을 내는 사람이다. 교장선생님은 권위주의의 상징으로 군림한 지 오래다. 선생님들은 연구부, 교무부, 학생부… 이렇게 행정 중심으로 편성해 능률을 올린다는 이유로 서로 얼굴도 마주할 수 없도록 칸막이까지 쳐놓았다. 말로는 수요자 중심의 교육이라고 하지만 정작 학생과 학부모가 선택할 여지를 찾을 수 없는 현실이다.

학교는 열려 있어야 한다. 같은 교과 교사끼리 모여 정보를 공유하고 교과연구나 학생지도를 위한 연수를 자유롭게 할 수 있는 여건이 마련되어야 하건만, 그런 자율적인 분위기나 여건을 찾아볼 수 없다.

교육과정 재구성이라는 말은 있지만 그런 걸 할 의욕도 필요도 느끼지 못한다. 선생님이 용기를 내어 학생 중심의 교육과정을 짰다가는 교장선생님의 불호령이나 학부모로부터 항의전화를 받기 안성맞춤이기 때문이다. 시키면 시키는 대로 하는 게 편하고 또 그렇게 길들여져 있다. 국어를 좋아하든, 영어를 좋아하든, 학생들은 선생님들이 연초에 짜놓은 시간표에 따라 가르치는 대로 외우며 순종하는 데 익숙하다. 재미와 의욕이 들어설 여지가 없게 하고서는 아이들이 공부를 게을리 하면 '문제아'니 '부적응아'니 하며 낙인을 찍는다.

이런 학교에 변화의 바람이 불기 시작한 것은 진보교육감들이 혁신학교를 시작하고부터다. 물론 혁신학교라는 이름만 붙인다고 해서 교육이 혁신될 리 만무하다. 교장이 달라져야 하고 교사가 달라져야 한다. 학부모가 달라져야 하고, 지자체가 변화할 수 있도록 학교가 손을 내밀어야 한다.

안선영 장학사의 강의가 감동적이었던 또 다른 이유가 있다. 그는 입으로만 떠들다 마는 그런 사람이 아니라 꿈의 학교를 실제로 만들고 있기 때문이었다. 전통적인 학교를 바꾸기 위해 스스로 앞장서 실천하며 분위기를 만들고, 학생들이 쉴 수 있는 공간을 만들고, 더 나은 교육을 위해 학부모를 설득하고, 지자체를 움직여 함께하도록 이끌고….

교육이 학교에서만 이뤄진다는 건 불가능한 일이다. 교육이란 가정과 학교 그리고 지자체가 혼연일체가 되어 이끌어주고 함께할 때 그 성과가 나타난다. 지식을 주입해 점수 순으로 아이들 서열이나 매기는 권위주의적인 학교에서 벗어나 진정한 공부를 하게 하는 학교로 바꾸고, 내 아이만이 아닌 우리 아이들을 함께 키울 수 있도록 학부모를 독려하고, 아이들을 키우는 일에 지자체가 나서야 한다는 사명감을 갖도록 바꾸는 것…, 그것이 혁신학교요, 마을공동체학교요, 꿈의 학교인 것이다.

강의가 끝난 뒤 질문을 했다. "교과서를 가르치고 '칼퇴근' 하는 데 익숙해진 선생님들을 학생들과 함께 뒹굴고 헌신적으로 일하는 '혁신학교 마인드를 가진 교사'로 어떻게 바꿀 수 있을까요?" 지금의 교사양성 과정은 점수 좋은 교사를 양성할 뿐이다. 민주적인 훈련을 받은 바 없고 동아리 활동조차 제대로 해보지 않은 채 발령을 받는다. 그러다 현장에서 입시교육에 익숙해진 선생님들이 어떻게 마을공동체학교에 참여할 수 있는지, 그게 궁금했다.

안선영 장학사가 대답했다.

"학교의 분위기가 선생님들을 바꿔놓습니다."

사랑이 없으면 교육은 끝이다. 아이들이 선생님을 무시하고 선생님도 아이들을 무서워하며 기피하는 분위기에서 어떻게 교육이 가능하겠는가? 퇴근시간만 되면 조용히 사라지는 선생님들, 자기가 전공한 지식을 전달하는 것으로 할 일을 다했다고 착각하는 선생님들이 만연한 현실에서 제대로 된 교육이 가능할까? 내 아이만이 아니라 모든 아이를 위해 헌신하는 학교가 어떻게 가능할까? 안 장학사의 대답은 단호했다.

"재미가 있으면 합니다."

혁신학교는 뒤틀리고 비뚤어진 '관계를 회복'하게 한다고 했다. 학생들 간의 관계, 학생과 교사, 그리고 학부모와 교사, 지역과 학교와의 관계…. 그래서 궁극적으로 학생으로부터 존경받는 교사, 학생을 진정으로 사랑하는 교사로 회복되어야 교육이 가능하다고 믿고 실천하는 게 혁신학교인 것이다. 그런 노력이 지역사회를 움직여 인간교육이 가능한 분위기를 만든다.

학교가 좋아 아이들이 머물고 싶도록 만들고, 선생님들이 보람과 긍지를 느끼고 학부모들이 아이들을 믿고 맡길 수 있는 학교로 바뀌는 것…. 이런 학교가 어디 혁신학교만의 꿈이겠는가? 경기도에서 시작된 꿈이 전국의 혁신학교와 모든 학교에서 뿌리내릴 수 있기를 기대해본다.

수요자 중심의 학교에서 학부모는 무엇을 해야 할까?

학부모, 그들은 누구인가? 자녀의 등록금이나 과외비를 마련하고 학교에 늦지 않도록 뒷바라지하는 사람? 학교에서 아이들이 무엇을 먹는지 몰라 마음 졸이는 사람? 자녀가 좋은 학교에 진학하도록 기원이나 하는 사람? 오늘날 학교에서 학부모, 그들은 누구일까?

학생, 교사, 학부모를 일컬어 교육의 세 주체라고 한다. 국어사전을 찾아보면 '주체'란 '사물의 작용이나 어떤 행동의 주가 되는 것' 혹은 '어떤 일에 적극적으로 나서서 그 일을 주도해나가는 세력, 부담스럽고 귀찮은 것을 처리하거나 감당함'이라고 밝히고 있다. 과연 오늘날 현실에서 학부모를 사전적 정의와 같은 '교육의 주체'라고 할 수 있을까?

7차 교육과정, 수요자 중심의 교육이 시행되면서 교사는 공급자요, 학생과 학부모는 수요자가 되었다. 교육이 상품이라면 응당 수요자에게 선택권이 있어야 하건만, 입시 위주의 주입식 교육이 횡행하는 학교에서 선택권은커녕 불량학칙에 의한 차별과 강제가 여전히 판을 치고 있다. '인권친화적 학교+너머운동본부'가 지난 9월 7일부터 한 달간 초·중·고교의 생활지도규정 중에서 불합리한 학칙들을 찾기 위한 '불량학칙 공모전'을 열었는데, 그 결과를 보면 가히 충격적이다. 공급자와 수요자의 비대칭적 관계가 어느 정도인지 여실히 드러나기 때문이다.

— 교내외에서 이성교제 하다가 걸리면 선도위원회로 회부

— 도서관에서 책 대출목록 확인 후 3학년의 대출기록 확인 시 체벌

— 성적이 낮으면 반장 자격 박탈

— 급식 남자 우선권(3학년 → 남자 1학년 → 여자 3학년 급식 순)

— 국기에 대한 경례 때 가슴에 손 붙이지 않으면 벌점

— 교복 아닌 패딩 점퍼 압수

— 학교장 허락 없이 집회나 결사 참여 불가

― 정치활동에 참여했을 경우 퇴학처분

― '손톱 1mm 이하' 학칙 어기면 퇴학

천안 B고등학교 경우 SNS상에서 학교에 대해 안 좋은 얘기를 하면 처벌받는 경우도 있다. 어떤 학생은 블로그에 학교 비판하는 글을 올린 적이 있었는데, 다음 날 아침 교무실로 끌려가서 "인성쓰레기"니 "이 학교는 뭐하러 다니니?" 하는 폭언을 듣기도 했다. 동두천 A고는 학생들을 밤 11시 30분까지 강제로 자습실에 있게 했다가 학생 민원에 의해 10시까지 자습하는 선택권을 준 사례가 있다는데, 이 학교는 지금도 학생들에게 오전 7:50～8:40과 오후 7:30～10:00 자습을 선택권이 없이 강제로 시키고 있다.

울산 H고등학교에서는 고3 학생에 한해 점심시간에 운동과 독서가 금지되고 도서관에서 책 대출 목록을 확인해 3학년의 대출기록이 확인되면 '앞으로 나란히' '엎드려뻗쳐' '엉덩이 때리기' 등의 체벌을 가한다고 한다.

《교육희망》은 "불량학칙 공모전을 통해 살펴본 대한민국 학교의 학칙은 마치 신체포기각서와 노예 계약서를 떠올리게 한다"면서 "이들 학칙에는 비인권적인 통제와 인권침해가 교육과 생활지도라는 이름으로 여전히 자행되고 있고 학생의 권리 보장은 찾을 길이 없다"는 '인권친화적 학교+너머운동본부'의 비판을 보도했다.

학생이라는 이유로 인간으로서 누려야 할 기본권마저 빼앗기고 노예 계약서 같은 불량학칙에 시달리는 우리나라 청소년들…. 민주주의를 체득하고 배워야 할 아이들이 학교에서 감시와 통제 그리고 체벌과 벌점에 길들여지면 훗날 민주시민으로서 자신의 권리와 의무를 다하면서 살 수 있을까?

학부모가 교육의 주체이자 수요자라면 말도 안 되는 불량학칙을 폐기하게 하고 자녀의 취미나 소질, 특기를 살릴 수 있는 교과목, 선생님, 학교를 선택할 권리를 주장할 수 있어야 하건만, 이 역시 꿈같은 얘기다. 학부모 개인의 힘이 약해 그럴 수 있다면, 학부모의 모임인 학부모회는 어떨까?

학부모회는 학교의 역사와 궤를 같이한다. 애초에 학부모회는 학생들의 학습을 지원하는 목적으로 만들어졌다. 하지만 해방 후 '후원회(後援會), 사친회(師親會), 기성회(期成會), 육성회(育成會)…' 등으로 이름이 바뀌면서 하는 일도 조금씩 달라졌다.

1948년 전후 학교시설 복구를 목적으로 각급학교에 조직되었던 후원회가 1950년 한국전쟁이 일어난 뒤 1953년에 사친회로 변모했다가 1963년에 기성회로 대치되었다. 그러다 1970년 2월에 발표된 '학교교육환경 정상화에 관한 지침'과 '학교육성회 운영방안'에 따라 기존의 기성회를 발전적으로 해체하고 학교육성회로 개편되었다. 하지만 육성회 운영에서 문제점이 드러나면서 1997년에 이르러 학부모회로 이름을 바꾸고 기능도 축소했다.

이처럼 학부모회는 시대의 흐름에 따라 명칭과 운영방식을 달리하며 이어졌지만, 정작 학부모들의 의사를 수렴하고 반영하는 민주적인 기구의 성격은 아니었다. 합법적인 권리가 없는 임의기구로서 지역사회의 토호나 유지들이 참여하는 가운데 학교장에게 영향력을 행사하거나 치맛바람을 일으키기도 했으니 말이다. 학부모회는 각종 잡부금 징수며 행사 후원금을 거출해 보통의 학부모들로부터 원성을 사기도 했다. 그러다 전교조가 탄생하고 학부모의 의식수준이 높아지면서 여러 시민단체가 나서서 학부모회를 법적인 기구로 인정해달라고 요구하기에 이르렀다.

이로써 1996년 초·중등학교에 학부모·지역사회인사·교원 등으로 구성된 법적 협의체인 학교운영위원회가 만들어진다. 국공립학교는 반드시 학교운영위원회를 설치하도록 규정하고 있으며 사립학교의 경우는 학교운영위원회 설치 여부를 자율적으로 결정하도록 하고 있다. 처음 학교운영위원회가 도입됐을 때 그 열기는 정말 뜨거웠다. 학부모가 나서면 학교를 바꿀 수 있다는 희망이 생겼기 때문이었다. 하지만 풀뿌리 교육자치의 핵심이라며 도입한 학교운영위원회는 도입단계에서부터 교육의 한 주체인 학생이 배제된 채 의결기구가 아닌 심의기구(사립은 자문기구)라는 절름발이로 출발한 한계가 있었다. 그나마 초기에는 교육감이나 교육의원 선출권이 주어져 많은 사람이 관심을 기울였으나 선거권이 없어진 이후에는 교장선생님 성향의 사람들로 구성된 형식적인 기구로 전락하고 말았다. 학부모 대부분이 학교에서 하는 일이나 교육정책이 맘에 들지 않아도 나서서 말하기를 꺼려했다. '내가 나서면… 내가 바른말을 하면 혹시 우리 아이가 피해를 보지 않을까?' 하는 생각 때문이었다. 학부모가 용기를 내지 못하는 사이에 학교운영위원회는 철학이 없는 학교장의 독선을 지지해주는 들러리 기구로, 불법을 정당화하는 거수기로 전락하고 말았다.

하지만 학교운영위원회는 마냥 내버려둘 정도로 가치 없는 기구가 아니다. 학교운영위원회는 학교현황 및 규정의 개정, 교육과정의 운영방법, 교과용 도서 및 부교재의 선정, 정규학습시간 종료 후 또는 방학중 학생의 교육활동, 교복 및 체육복의 선정, 수학여행·극기훈련 등 학부모가 경비를 부담하는 사항, 학교운영지원비, 교육회계 등의 예산 및 결산, 교원(교장·교사)을 초빙하는 경우 그 추천대상자의 선정, 학교 운영 등과 관련된 건의사항, 기타 학교 운영에 관한 위원들의 제안 사항과 학교장이 심의 요청한 사항 등을 심의하도록 되어 있기 때문이다.

학교운영위원회를 통과하면 불법도 합법이 된다는 말이 있을 정도로 권한이 막강하다. 학교운영위원회에서 결정한 사항과 다르게 집행할 때는 교육청에 사유서를 제출하도록 규정하고 있어 사실상 의결기구나 다름없다. 이러한 학교운영위원회를 학교장 성향 위원들의 거수기가 되도록 내버려둬서는 안 된다. 학부모들의 관심 대상에서 멀어지고 있는 학교운영위원회를 통해 할 수 있는 일이 무엇인지 알아보자.

1. 학교운영위위원회는 급식 업체(부식 업체) 선정 심의 및 식재료에 대한 검수를 통한 학생 급식을 개선할 수 있고 친환경 유기농 급식 및 유해 식재료 차단으로 질 높은 급식을 실시하여 아이들의 건강을 지켜낼 수 있다.

2. 졸업 앨범 공개경쟁 입찰, 교복공동구매 사업을 통해 학부모 부담을 줄이고 교복을 입찰 구매해 학부모의 경비를 절감하고 질 높은 교복을 구매할 수 있다.

3. 학급, 학년, 학교 학부모회의 건설 및 민주적인 운영과 학생회 활동의 제도적 뒷받침을 통해 학부모와 학생의 의견을 공식적으로 개진하고 제도적으로 반영함으로써 학부모회, 학생회를 활성화할 수 있다.

4. 학부모와 지역사회의 교육적인 요구를 수렴하여 반영함으로써 학교가 지역사회의 중심이 될 수 있다.

5. 학생들의 두발, 복장 규제 등 학교의 비민주적 학생 규정을 개정하여 학생들의 인권을 보장할 수 있다.

6. 학교예산을 학생 교육 활동 중심으로 편성하고 집행하도록 관리 감독하여 학교 환경 개선을 이룰 수도 있다.

— '한국어린이 식물연구회' 블로그가 제시한 사례

학부모들이 나선다면 학교개혁이 불가능한 일만은 아니다. 학부모가 교육의 한 주체로 당당히 서면 학교의 교육자치를 활성화하고 지역의 실정과 특성에 맞는 다양한 교육을 창의적으로 시행할 길이 열린다. 그런데 언제까지 학교를 민주화의 사각지대로 방치할 것인가? 언제까지 모든 아이가 피해자가 되고 마는 학교를 구경만 하려 하는가?

교육에 대해 아는 게 없다는 말은 핑계에 불과하다. 처음부터 교육전문가로 태어난 사람은 없다. 인터넷을 통해 학교운영위원회가 할 수 있는 일을 알아보고 학교홈페이지에 게시된 학교운영위원회 조례 정도만 읽어봐도 학부모로서 아이들을 위해 무엇을 요구할 수 있는지 파악할 수 있다.

학교는 국민이 낸 세금으로 지어 교사들에게 임금을 지급해 운영하는 교육기관이다. 학교는 국가나 교사들을 위해서가 아니라 학생들을 위해 존재하는 하는 곳이다. 양질의 교육, 학생들이 인권을 존중받으며 삶을 배우는 곳으로 만들려면 교육 주체인 학생과 학부모가 교육의 소비자로서 주권을 제대로 행사할 수 있을 때 가능해진다. 상품이 된 교육, 이상한 학교예산, 입시준비에 찌든 교육내용, 신뢰하기

어려운 학교급식, 학생의 적성과 부합하지 않는 점수에 맞춘 진로선택… 이렇게 비정상적인 교육환경에 대해 학부모가 변화를 요구하지 않는다면 그 피해는 고스란히 아이들 몫이 될 수밖에 없다.

참여하지 않는 민주주의란 껍데기에 불과하다. 민주주의는 구성원의 수준만큼 운영되고 성숙된다. 용기를 내는 학부모가 없는 한 학교는 변화의 사각지대일 수밖에 없음을 기억하자.

이 땅의 학부모에게 묻는다

지난 8월 25일 국외거주자를 위한 국제단체 인터네이션스(InterNations)가 밝힌 자료에 따르면, 41개국에 거주하는 외국인을 대상으로 30여 명씩 보육비용과 교육의 질, 가족의 웰빙 수준 등을 조사한 결과 오스트리아가 아이를 키우며 가정을 꾸리기 좋은 나라 1위로 꼽혔다. 오스트리아에서는 자녀가 태어나면 부모가 육아휴직을 할 수 있고 자녀가 18세가 될 때까지 100~200유로의 수당을 정부로부터 받을 수 있다.

2위로 꼽힌 나라는 핀란드였다. 환상적인 사회복지와 무상교육으로 우리에게 잘 알려진 나라다. 그곳의 출산정책과 교육환경을 잠깐 들여다보자.

— 아이가 태어나면 사회보험기관(Kela)에서 출산 보조금 혹은 출산 패키지를 받을 수 있다.

— 출산을 앞둔 임부에게 105일간 유급휴가를 주고, 이후 아이를 돌보기 위해 부모 중 한 사람이 부모휴가(158일간)를 신청할 경우 부모수당을 받을 수 있다.

— 초등학생들에게 선행학습을 시키지 않는다.

— 학원이란 게 아예 없으며 학업 성취가 뒤떨어지는 아동에게 별도의 추가 교육을 무료로 시행한다.

— 부모들은 하나같이 아이들이 잘 놀 수 있도록 배려한다.

— 17세 이하 자녀가 있는 가족에게 월 100~172유료 정도의 가족수당을 지급한다.

— 유치원부터 대학원 과정까지 무상교육이 이루어지며 대학생들은 1인당 교육비로 연간 약 4000유로를 지원받고 생활·주거 지원금으로 월 500유로를 추가로 지원받는다.

바른말을 하면 '빨갱이'가 되고, 진실을 추구하면 승진이나 출세는 커녕 문제적 인간으로 낙인찍혀 삶이 고달파지는 곳이 대한민국이다. 핀란드 같은 교육환경을 제공하려면 갈 길이 멀다. 핀란드를 다녀온 도종환 시인은 〈북해를 바라보며 그는 울었다〉라는 시를 통해 이렇게 노래하고 있다.

차고 푸른 수평선을 끌고 바람과 물결의

경계를 넘어가는 북해를 바라보며 그는 울었다

내일 학교 가는 날이라고 하면

신난다고 소리치는 볼 붉은 꼬마 아이들 바라보다

그의 눈동자에는 북해의 물방울이 날아와 고이곤 했다

폭 빠져서 놀 줄 알아야 집중력이 생긴다고 믿어

몇 시간씩 놀아도 부모가 조용히 해주고

바람과 눈 속에서 실컷 놀고 들어와야

차분한 아이가 된다고 믿는 부모들을 보며

배우고 싶은 내용을 자기들이 자유롭게 정하는데도

교실 가득한 생각의 나무를 보며

그는 피요르드처럼 희고 환하게 웃었다

아는 걸 다시 배우는 게 아니라

모르는 걸 배우는 게 공부이며

열의의 속도는 아이마다 다르므로

배워야 할 목표도 책상마다 다르고

아이들의 속도가 생각보다 빠르거나 늦으면

학습목표를 개인별로 다시 정하는 나라

변성기가 오기 전까지는 시험도 없고

잘했어, 아주 잘했어, 아주아주 잘했어

이 세 가지 평가밖에 없는 나라

친구는 내가 싸워 이겨야 할 사람이 아니라

서로 협력해서 과제를 함께 해결해야 할 멘토이고

경쟁은 내가 어제의 나하고 하는 거라고 믿는 나라

나라에서는 뒤처지는 아이가 생기지 않게 하는 게

교육이 해야 할 가장 큰일이라 믿으며

공부하는 시간은 우리 절반도 안 되는데

세계에서 가장 공부 잘하는 학생들을 보며

그는 입꼬리 한쪽이 위로 올라가곤 했다

가르치는 일은 돈으로 사고파는 상품이 아니므로

언제든지 나랏돈으로 교육을 시켜주는 나라

청소년에 관련된 제도는 차돌맹이 같은 청소년들에게

꼭 물어보고 고치는 나라

여자아이는 활달하고 사내 녀석들은 차분하며

인격적으로 만날 줄 아는 젊은이로

길러내는 어른들 보며 그는 눈물이 핑 돌았다

학교가 작은 우주라고 믿는 부모와

머리칼에서 반짝이는 은빛이

눈에서도 반짝이는 아이들 보며

우리나라 아이들을 생각하며

마침내 그는 울었다

흐린 하늘이 그의 눈물을 내려다보고 있었고

경계를 출렁이다가도 합의를 이루어낸 북해도

갈등이 진정된 짙푸른 바다를 바라보고 있는 이들의

가슴도 진눈깨비에 젖고 있었다

"네 형은 공부를 잘하는데 너는 왜 그 모양이냐"며 형과 비교하고, "이웃집 누구는 반에서 일등을 했다는데 너는 왜 공부하지 않고 게임만 하느냐?"며 아이들을 다그치는 한국의 부모들…. 아이들이 얼마나 힘든지 이해하기보다 "지나고 보면 다 추억이 된다"며 윽박지르는 부모. 학원 대여섯 곳을 보내야 직성이 풀리고, 아이들이 노는 걸 보면 불안해 못 견디는 부모가 과연 정상일까?

잠자기 전에 텔레비전을 보거나 컴퓨터게임을 하는 행위, 잠자기 2시간 전 심한 운동은 잠을 방해한다. 저녁 샤워는 잠자는 것을 도와준다. 잠자는 시간에 전화기를 끈다….

'잠을 이루는 것은 매우 좋다. 잠을 충분히 자면 예리한 판단력, 높은 기억력 그리고 작업능력에 좋은 영향을 준다'며 잠자는 법을 소개하는 나라. 불규칙적인 수면 리듬은 두뇌가 깨어나는 시간을 예측하지 못하게 만든다며 수면에 민감한 반응을 보이면서 잠을 충분히 자야 한다고 권하는 나라. 남한 면적의 3.4배이면서 인구는 560만 명에 불과하지만, 1인당 GDP가 4만 2733달러에 달하는 나라. 아이들은 하루 3~4시간 공부하지만 PISA 연속 1위를 하는 나라가 핀란드다.

우리는 어떤가? 학교에 늦을 새라 아이를 깨우느라 아침마다 전쟁을 치르는 나라. 1등을 위해서, 출세를 위해서, SKY 대학 입학을 위해서, 3당4락을 신봉하고 그게 당연한 듯 아이들에게 인내를 강요하는 나라. 입시를 앞둔 아이들이라면 아침 6시 기상, 7시 등교, 밤 10시 혹은 11시 30분이 돼서야 학교에서 학원으로, 새벽 2시가 돼서 귀가해 숙제 및 컴퓨터를 하고서야 잠자리에 드는 일상이 당연하다고 생각하는 이상한 나라. 학생을 사람답게 키우는 교육이 아니라 상급학교 진학을 위해 암기한 지식의 양으로 서열을 매기는 시험 공화국. 사교육비 부담 세계 1위, 자살률 세계 1위의 나라가 대한민국이다.

이 땅의 학부모에게 묻고 싶다. 우리는 못 하는 걸까, 안 하는 걸까? 교육개혁을… 복지국가를….

2014년 4월 16일….
오늘도 세월호 참사로 희생된 학생들을 생각하며 하루를 시작합니다.
가족들의 아픔에 함께합니다. 잊지 않겠습니다.

김용택의 참교육 이야기
－교육의 정상화를 꿈꾸다

초판 1쇄 인쇄 | 2015년 12월 7일
초판 1쇄 발행 | 2015년 12월 15일

지은이 김용택
책임편집 손성실
편집 조성우
마케팅 이동준
디자인·일러스트 신병근 · 권월화
용지 월드페이퍼
제작 ㈜상지사P&B
펴낸곳 생각비행
등록일 2010년 3월 29일 | 등록번호 제2010-000092호
주소 서울시 마포구 월드컵북로 132, 402호
전화 02) 3141-0485
팩스 02) 3141-0486
이메일 ideas0419@hanmail.net
블로그 www.ideas0419.com

ⓒ 생각비행, 2015, Printed in Korea.
ISBN 978-89-94502-61-8 03370